나를 나로
리셋하라

나를 나로 리셋하라

초판 1쇄 발행 2020년 2월 10일

지은이 이경윤
발행인 겸 편집인 김낙봉
디자인 이다래
교 정 우정민
발행처 북네스트
출판등록 제2016-000066호
주 소 경기도 고양시 일산서구 강성로 232번길 16-2
전 화 070-8200-6727
팩 스 031-622-9863
독자문의 laejoo@naver.com

ⓒ 이경윤 2020
ISBN 978-89-93409-32-1 (03190)

사람을 행복하게 하는 출판사 북네스트

이 도서의 국립중앙도서관 CIP는 서지정보유통지원시스템 홈페이지(http://seoji.nl.go.kr)와
국가자료공동목록시스템(http://www.nl.go.kr/kolisnet)에서 이용하실 수 있습니다.
(CIP제어번호: CIP2020000460)

나를 나로 리셋하라

이경윤 지음

북네스트

당신에게
유레카가 되는 이야기

도시를 바쁘게 오가는 사람들의 눈빛을 보면 흥미롭다. 눈에는 그들의 감정이 그대로 스며 있다. 아무 생각 없는 듯 무덤덤한 눈빛, 쫓기는 눈빛, 화가 난 듯한 눈빛, 우울한 눈빛. 그러나 그렇다는 것이지 도시인들의 눈에서는 정체성이 잘 드러나지 않는다.

갑갑한 도시를 벗어나 공원이나 야외에서 놀고 있는 사람들의 눈빛은 다르다. 여유로운 눈빛, 미소를 머금은 눈빛, 즐거운 눈빛까지, 공원 밖 아스팔트 도시를 오가는 사람들의 눈빛과 대비된다. 같은 사람이 장소만 바뀌었을 뿐인데 왜 눈빛이 다를까.

인간 눈빛의 원형은 아기의 눈빛이다. 마냥 사랑스럽고 평안하다. 아기의 눈에 세상의 근심 걱정이나 무거운 짐 따윈 없다. 성인의 눈빛이 원형을 잃은 까닭은 무엇일까?

오늘날 인류는 고도로 현대문명을 발전시켜 역사상 가장 풍요로운 시대를 맞고 있다. 우리나라도 그 중심에서 빛나고 있다. 그러나 도시 사람들 중 행복을 성취한 사람은 많지 않아 보인다. 역사 속의 왕들보다 더 시설 좋은 집에서 살고 더 다양하고 맛난 음식을 먹는데도, 심지어 왕들은 상상도 못한 비행기로 세계를 오가며 살고 있는데도 행복은 멀어 보인다.

문명의 이기는 좋지만 그걸 누리기 위한 노동의 투자는 끝이 없다. 직장인들은 버젓한 집과 차, 맛난 음식, 그리고 지위를 위해 과도한 노동에 나서고 있다. 현대사회는 아예 이러한 구조로 틀이 짜여 있다.

이 구조 속에 뛰어들기 위한 다툼은 학생 때부터 시작된다. 치열한 입시 경쟁을 뚫어야 하고 죽음의 취업 경쟁에서 살아남아야 한다. 그렇게 달려서 소정의 성과를 이루었어도 행복은 잘 보이지 않는다. 수많은 조사 결과가 그렇고, 무엇보다 당사자가 잘 알 것이다.

그래도 이렇게 살면 행복을 쟁취할 수 있을 거란 믿음은 남아 있다. 하지만 아무리 직장에 충성해도 행복은 좀처럼 다가오지 않는다. 도대체 무엇이 문제일까?

이런 고민에서 터져 나온 것이 욜로, 소확행, 케렌시아(스트레스 해소를 위해 안정을 취할 수 있는 공간을 찾는 경향), 가심비 등과 같은 말이다. 모두 행복을 가로막는 현실을 비틀고 행복해지기 위한 몸부림에서 생겨났다는 공통점이 있다. 이러한 생활 태도 역시 행복으로 가기 위한 방편이지만 근본적인 해결책을 제시하지는 못한다.

이즈음 발견한 불행의 근원은 일에 대한 과도한 치중이다. 지나친 경쟁 시스템이 과도한 노동을 양산하고 이는 인간의 부품화로 이어졌다. 자신도 모르는 사이 직장이라는 기계의 부품이 되고 있는 것이다. 인간성 상실이다. 이 문제를 해결하지 않고는 결코 행복에 이를 수 없다.

워라밸에 답이 있다. 일과 삶의 균형! 어떤 이는 이를 단지 물리적인 여가 시간의 확보로 보지만 필자는 인간 행복을 위한 위대한 발견으로 본다. 현대는 과도한 물질의 탐욕을 부추기지만 사람의 행복은 물질민으로 완성되지 않는다.

인간은 물질과 정신의 집합체다. 물질과 함께 정신의 가치와 안정을 되찾아야만 비로소 행복에 이를 수 있다. 그런 의미로 볼 때 워라밸은 일에서 물질의 필요를, 삶에서 정신의 가치를 채워 줌으로써 인간 행복을 완성시킨다.

워라밸은 '균형'을 강조한다. 일과 삶의 균형으로 행복에 도달한다! 이는 과거 어떤 철학이나 종교도 도달하지 못한 접근이다. 왜냐하면 현대인의 문제이기 때문이다. 철학이나 종교는 대개 정신이나 물질 하나에 치우친 관점을 중시하지만 워라밸은 둘의 균형을 강조한다.

이 책을 통해 그 방법에 접근해 보려 한다. 일에서의 생산성을 어떻게 확보할 수 있는지, 어떻게 삶의 균형을 찾을 수 있는지. 또, 단지 여가의 확보만이 아니라 그 시간을 어떻게 활용해야 하는지 이야기해 보려 한다. 워라밸은 그저 저녁이 있는 삶으로 귀결되는 게 아니기 때문이다.

일과 삶의 균형은 행복을 추구하는 인간의 본질에서 터져 나왔다. 주변의 시선에 의해 살아가는 나는 본질의 '나'가 아니다. 나는 나로 살아가기 위해 세상에 왔다.

이 책이 부디 독자들이 워라밸에 담긴 깊은 철학적 의미를 이해하고 자신의 순수 존재 가치를 찾아 행복으로 나아가는 귀한 만남이 되기를 바란다. 어쩌면 허겁지겁 또는 꿈을 잃은 채 살고 있을지도 모를 당신에게 유레카가 되는 이야기! 그랬으면 좋겠다.

이경윤

제1장

나는
잘 살고
있는가?

삶의 새 지표를
제시하는 워라밸

부단한 달리기, '먹고살기 위해서'

돌아보니 프리랜서 작가 14년 차다. 이전에 직장생활 10년을 거쳤고, 직장생활과 겸업이긴 했으나 자영업도 6년을 경험했다. 이른바 해 볼 건 거의 해 본 셈이다. 그 가운데 지금의 삶이 좋다. 무엇보다 하고 싶은 일을 하고 있고, 매일의 시간도 누구한테 구속받지 않고 내가 계획해서 쓸 수 있기 때문이다.

그렇다고 자유업을 택하라는 건 아니다. 자유업은 성격상 맞아야 하고, 또 대개는 직장인의 길을 가고 있을 독자들과는 거리가 있을 수밖에 없다. 그보다는 자신의 일에 충실하면서 더 행복해질 수 있는 방안을 찾아보자는 데 이 책의 뜻이 있다.

나 역시 지금의 삶에 안주하지 않고 더 나은 삶을 찾고 있다. 지난 시간이 그저 시간에 쫓기며 살아왔던 삶이라면 앞으로의 인생은 나를 위해, 그리고 보다 의미 있는 인생을 살고 싶다는 생각이 간절하기 때문이다.

그러다 만난 것이 워라밸이다. 알겠지만 일(work)과 삶(life)의 균형(balance)을 찾아보자는 얘기다. 그 이면에는 과도한 '워크'가 있고, 그런 환경에서 탈출해 '인생을 사는 방법을 다시 좀 생각해 보자'는 각성이 있다. 누군가 단어를 합성해 제법 재치 있는 용어는 만들었으나 사실은 슬픈 조어인 것이다.

그렇다면 워라밸에 대한 사람들의 관심은 어느 정도이며 어떤 내용을 담고 있을까? 대략 찾아본 워라밸 관련 기사 제목에서 유추해 볼 수 있다.

– 퇴근 못한 사람들, '워라밸' 양극화 현상 | 데일리굿뉴스 2019. 7. 2
– '주 52시간' 살아 보니… "저녁 있는 삶" VS "임금 줄어" | 머니투데이 2019. 6. 30
– 죄수도 워라밸… 하루 8시간 이상 작업 금지 | 조선일보 2019. 6. 1
– 워라밸 열풍에 백화점 문화센터 강좌 인기 | 무등일보 2019. 1. 29
– 빅데이터로 본 한국, 워라밸 원했다 | 전자신문 2018. 9. 20
– 80조 쏟아붓고도 안 풀리는 저출산… 워라밸이 답이다 | 국민일보 2018. 3. 1

이외에도 엄청나게 많다. 조용한 가운데 사회 전체를 관통하고 있는 은근히 센 바람이다.

그간 우리 사회의 화두는 단연 경제였다. 그 점은 지금도 다르지 않다. 경기가 안 좋다는 말이 입에 밸 정도로 언제 경기가 좋았는지 기억조차 나지 않는다. 지금 대두되는 워라밸의 핵심이 일 외에 여가 시간(이하 여가)의 확보에 있다고 했을 때 경기와 여가는 잘 매치되지 않는다. 경기가 안 좋아서 힘든데 웬 여가? 그럼에도 불구하고 대한민국에서는 워라밸 바람이 거세지고 있다.

워라밸 바람의 진원지는 한국인의 국민성을 담은 '워크홀릭'이다. 일에 대한 세계인의 시각은 각각 다르다. 삼성경제연구소가 발표한 '근로관의 국제 비교 분석'에 따르면 미국인은 '자아실현'을, 프랑스인은 '일의 재미와 발전 가능성'을, 일본인은 '사람들과의 관계'를 가장 중요하게 생각했다. 반면 우리나라 사람들은 '먹고살기 위해서'가 가장 높은 비율로 나왔다.

먹고살기 위해서! 어찌 보면 눈물 나는 말이다. 일중독에 걸려 있는 한국인의 자화상이 그 안에 있기 때문이다. '먹고살기 위해서'라는 말에는 여러 중의적인 뜻이 내포되어 있다. 국민소득 3만 달러 시대에도 왜 한국인들은 이 말을 버리지 못할까. 진짜 사정이 어려운 사람도 있지만 몸담고 있는 일자리에 대한 불안, 성과급 시대가 주는 압박, 직장에서의 무한경쟁을 포괄해 우리는 '먹고살기 위해서'라고 말한다.

중요한 건 주머니가 얇든 좀 여유가 있든 어쨌건 일을 해야 하기 때문에 쉬지 못한다는 것이다. 자영업자도 마찬가지다. 아침부터 밤늦게까지 일에 시달린다. 자영업자, 소상공인의 노동시간은 직장인의 그것보다 더 많은 게 현실이다.

도대체 이 부단한 달리기는 언제 끝날까. 시간이 지나면 여유로워지기는 하는 걸까. 혹시 쉬지 못하는 데 다른 원인이 있는 건 아닐까. 어쨌든 워라밸은 과도한 워크홀릭이 부른 불균형의 해소를 위해 우리 곁에 성큼 다가와 있다.

주 52시간 근무제 시행에도 쉽지 않은 여가문화

워라밸의 목적은 단지 여가의 확보에 있지 않다. 아무리 여가가 확보되더라도 그 시간을 잘 쓰지 못한다면 단지 쉰다는 것 외는 의미가 없다. 일에서는 지친 몸을 회복해 더 나은 생산성을 기대하고, 생활에서도 더 의미 있고 활력 넘치는 삶을 기대하는 것이 워라밸의 궁극적 목적이라 할 수 있다.

정부도 국민의 기본적 행복을 위해 워라밸 정책을 시도하고 있다. 대표적인 것이 2018년 7월부터 시행된 '주 52시간 근무제'다. 이는 이전의 주 68시간(평일 40시간 + 연장근로 12시간 + 휴일근로 16시간) 근무 제한을 52시간(평일 40시간 + 야근, 휴일 근무 최대 12시간)으로 줄이는 제도다. 먼저 300인 이상 기업 및 단체에 적용하고, 2020년 1월부터는 50~300인 미만 사업장,

2021년 7월부터는 5~50인 사업장까지 적용하는 게 골자다.

주 52시간 근무제가 시행된다고 야근, 특근이 완전히 없어지는 건 아니다. 추가 근무시간으로 허용된 12시간을 평일에만 배분해도 하루 평균 2.4시간이고, 평일 야근이 적으면 주말에 출근해 일하게 될 수도 있다. 주 52시간도 만만치 않은 시간인 것이다.

주 52시간 근무제는 워크홀릭에서 빠져나오지 못하는 한국인에게 그래도 단비 같은 소식인데 기업 입장에서는 어떨까. 변화에 대한 대응력이 앞서는 대기업과는 달리 중소기업들은 10곳 중 4곳이 준비가 덜 되었다며 애로를 토로했다(2019년 9월 고용노동부 발표 '1,300개 업체 대상으로 한 표본실태 조사'). 그 대표적인 이유로는 추가 채용에 따른 인건비 부담을 꼽았다.

그러다 보니 업계에서 속도 조절 요구가 나왔고, 이에 정부는 50인~299인 기업에 대해 계도 기간 1년을 부여하고 이 기간 동안 단속을 유예하기로 했다.

그렇다 해도 큰 줄기에서는 주 52시간 근무제 시행에 들어간 한국이다. 긍정적인 측면에서 보자면 빠른 퇴근으로 저녁시간을 활용하거나 즐기는 사람들이 늘었다. 어학 학원, 피트니스 센터, 공연 티켓 분야 등의 고객이 증가한 것이 그런 모습이다. 또, 워킹맘들은 자녀와의 시간이 많아져서 좋다며 환영한다.

반면 일부에서는 부정적 측면도 나타나고 있다. 시간 수당이 중요한 생산직 쪽에서는 수입이 줄게 되었다는 불만이 들린다. 또, IT 서비스, 소프트웨어 개발, 엔터테인먼트 분야 등 집중 근무가 필요한 업체들은 효율성을 걱정한다.

정시 퇴근이 익숙지 않아서 생기는 해프닝도 있다. 저녁시간 활용에 대한 기대와는 달리 집에서 더 많은 가사 참여를 원한다는 것이다. 그러다 보니 퇴근 후 아이를 돌보거나 가사를 도와야 해서 야근이 장소만 변경된 격이 되었다는 소리도 있다.

실제로 <매일경제>에서 기혼 직장인 1,000명을 대상으로 조사한 결과 '이른 퇴근이나 주말이 두려운 경험이 있나?'라는 질문에 무려 94.6%가 '있다'라고 답했다. 그 이유로는 배우자의 잔소리와 의견 충돌 45.4%, 집안일 부담 36.1% 등이 꼽혔다.

그래선지 일찍 퇴근해도 집으로 가지 않고 회사 주변을 배회하는 직장인들도 있다. 그렇다고 의미 있는 시간을 보내는 것이 아니라 삼삼오오 모여 술잔을 기울이거나 수다를 떠는 게 고작이다. 이른 퇴근에 아직 잘 적응이 되지 않는 것이다.

이런 가운데 대세에서 소외된 사람들도 적지 않다. 주 52시간 근무제의 적용이 유예된 소기업 근로자나 소상공인, 자영업자 등은 여전히 긴 시간 근로에 방치되어 있다. 같은 나라 안에서 전혀 다른 근무 환경이 펼쳐지고 있는 것이다.

이 시점에서 주 52시간 근무제와 관련해 워라밸을 평가해 보면, 일부 직장인의 경우 물리적인 여가는 늘었으나 실질 면에서는 아직 워라밸 초보 단계라고 할 수 있다. 늘어난 개인시간을 어떻게 활용해야 할지 몰라 헤매는 사람이 많은 것이다.

워낙 일 중심으로 살아온 습관이 하루아침에 바뀌기 힘든 때문일 수도 있다. 이런 모습은 워라밸의 목적이 단지 여가의 확보에 있지 않고 일과 삶의 균형에 더해 나에게 주어진 시간을 어떻게 잘 쓰느냐에 달려 있음을 일깨워 준다.

결국 워라밸은 우리가 가야 할 방향이다

앞의 '근로관의 국제 비교 분석'에서 다른 선진국과 우리나라의 근로관이 다름을 보았다. 선진국 근로자들이 자아실현과 같이 의미 있는 근로관을 갖게 된 것은 이미 오래전부터 생활 속에 워라밸을 자연스럽게 수용해 온 결과다(영국은 1970년대에 이미 워라밸이란 용어를 사용했다).

국제사회에서 우리나라는 선진국에 거의 도달한 것으로 평가된다. 이는 우리나라의 근로관 역시 이젠 달라져야 함을 의미한다. 근로관이 변하기 위해서는 여가관이 추가되어야 한다. 그래서 등장한 것이 워라밸이다. 여가관이란 단지 여가의 확보에 있지 않고 그 시간을 어떻게 잘 쓰느냐에 있다.

여가관이 정립되기 위해서는 먼저 여가의 확보가 전제되어야 한다. 주야장천 일만 하는 가운데서는 여가관을 생각조차 할 수 없기 때문이다. 그런 면에서 주 52시간 근무제는 아직 시행착

오를 겪고 있지만 방향성 면에서는 옳다고 생각된다.

우리 국민은 세계에서도 일 많이 하기로 소문나 있다. 다음 지표들이 그런 형편을 잘 보여 준다.

- 2018년 OECD의 '베터 라이프 인덱스'에 따르면, 한국의 워라밸 지수는 10점 만점에 4.7점으로 OECD 37개 회원국 가운데 32위다. 1위는 9.4점을 얻은 네덜란드로, 짧은 근로시간(1일 평균 6.1시간)과 유연한 근로제도(근로시간에 따른 차별 금지법 시행, 정규직과 비정규직의 동등한 대우 등)가 돋보였다.
- 세계 최대 글로벌 온라인 여행사인 익스피디아가 발표한 유급휴가 사용 실태를 보면, 한국인은 세계 평균 25일보다 훨씬 적은 10일 사용으로 조사국 가운데 최하위권이다. 더욱이 휴가 중 두고 온 일에 대한 생각에 불편하다는 의견이 72%(세계 평균 44%), 휴가 중에도 일을 한다는 의견이 61%(세계 평균 37%), 휴가 시 죄책감을 느낀다는 의견이 61%(세계 평균 29%)로 세계 평균보다 훨씬 높다.
- 잡코리아 설문에 따르면, 한국인이 경제 상황 때문에 포기한 항목은 취미와 여가 55.4%, 저축 38.8%, 인간관계 36.8%, 결혼 33%, 노후 준비 31.2%, 내 집 마련 30.4%로 나타났다.

이런 우리나라가 워크홀릭에서 벗어나고자 채택한 첫 워라밸 관련 정책은 2002년부터 시작된 '주 5일 근무제'였다. 주 5일

근무제는 2011년까지 대부분의 사업장으로 확대되었다. 아이러니한 것은 주 5일 근무제가 시행되었음에도 전체 국민의 평균 여가는 크게 늘지 않았다는 점이다.

또, 통계청의 최근 '사회조사'에 따르면 여가 활동의 만족도도 크게 낮았다. 이 조사에서 여가 활동에 대해 '만족한다'라고 답한 사람은 26%에 그쳤다. 나머지 70%는 '보통' 또는 '불만족'으로 대답했다. 그 까닭을 살펴보면 같은 조사에서의 '여가 활용 방법'에서 답을 찾을 수 있다.

한국인의 여가 활용(복수 응답)

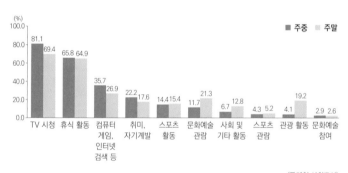

(통계청 사회조사)

표로 보는 바와 같이 여가 활용에서 TV 시청이나 휴식, 컴퓨터 게임 등 집 중심의 활동이 답변의 1~3위를 차지하고 있다. 아마도 이런 응답자들이 불만족이나 보통으로 답했을 가능성이 높다.

여가 활동에 만족하지 못하는 이유에 대한 질문도 있었는데, 응답자의 절반 이상이 '경제적 부담(54.2%)'을 들었다. 또, '시간이 부족해서'가 24.2%, '체력이나 건강이 좋지 않아서'가 10.4%로 나왔다.

이상의 조사를 종합하면, 우리나라 사람들은 과도한 일에 지쳐 있으며 여가 또한 만족스럽게 지내지 못하고 있음이 여실히 드러난다.

주 52시간 근무제가 직장인들에게 선물이 되겠지만 한편으로 생각하면 근무시간까지 강제적으로 제한해야 하는 현실이 우리나라의 노동 환경이다.

워라밸은 이런 환경에서 사는 국민들 사이에서 마치 용수철이 반작용으로 튀어 오르듯 터져 나왔다. 더는 일의 노예가 되고 싶지 않다는 가장 인간적인 소망을 표출하고 있는 것이다. 그런 의미에서 워라밸은 행복으로 가는 삶의 새로운 지표와도 같다.

일과 생활이 서로 내용적인 균형을 이룰 때 비로소 과도한 워크와 무기력한 라이프의 수렁에서 빠져나올 수 있다. 이렇게 보면 워라밸은 향후 쉬 꺾이지 않을 관심이 될 가능성이 높다.

그렇다면 워라밸은 어떻게 우리에게 성공적인 워크와 행복한 라이프를 가져다줄 수 있을까? 말로써만이 아니라 이해와 행동으로 이어지는 워라밸의 진정한 의미를 찾아보고자 한다. '당신의 진정한 행복'을 위해.

>>>
나는 균형 있는 삶을
살고 있는가

직장은 돈보다 삶을 위해 다니는 것이다

워라밸을 추구하는 직장인들을 이른바 워라밸러 또는 워라밸
족이라고 부른다. 이들이 생각하는 일의 개념은 기존 직장인들
과 차이가 있다. 단지 돈만을 위해 직장을 다니지 않기 때문이다.

워라밸러들의 기본 철학은 일도 즐겁게 하면서 생활도 여유
와 의미를 갖자는 것이다. 그런 만큼 설령 돈을 많이 준다 해도
혹사당하는 일이라면 사양한다. 일하는 목적이 단지 돈에만 있
지 않기 때문이다. 워라밸러들은 인생의 행복 요소로 개인시간
을 보내는 방법을 더 중시한다.

그런 의미로 보면 워라밸러들에게 일은 자신이 추구하는 삶
을 위한 수단으로서의 선택이다. 워라밸적인 가치를 지켜 가자
면 시간의 확보만이 아니라 경제 여건도 어느 정도는 채워져야

하기 때문이다. 그런 만큼 직장관도 여느 직장인과는 다르다.

그들은 단지 시간적, 경제적 여유가 주어지는 직장에만 집착하지 않는다. 기왕이면 일을 통해서도 즐거움을 얻어야 하기 때문이다. 그러기 위해 자신의 적성에 맞는 일, 자신이 좋아할 수 있는 일을 찾는 것도 워라밸족이 희망하는 바다.

워라밸러들은 이런 희망을 단지 생각에만 두지 않는다. 끊임없이 준비하고 노력한다. 기존의 직장인들이 성공적인 직장생활을 위해 스펙 쌓기에 올인했다면 워라밸족은 자신의 꿈을 이루기 위해 공부한다. 원하는 일과 원하는 생활에 갖추어야 할 자격증이 있다면 그것에 시간을 투자한다.

워라밸이 사회적 관심이 되면서 근로 현장에서도 변화가 나타나고 있다. 고용노동부가 지원하는 '유연근무제'가 확산되고 있는 것이 그런 모습이다. 유연근무제는 개인의 뜻에 따라 시차출근제, 선택근무제, 재택근무제, 원격근무제 등 일하는 시간과 장소를 선택할 수 있는 근로 방식이다.

유연근무제가 처음 도입된 2015년, 이를 신청한 근로자가 90만 2,000명이던 데서 3년 만인 2018년 167만 5,000명으로 늘었다. 제도를 도입한 기업의 비중도 2017년 24.4%에 달했다. 이는 직장을 다니더라도 개인시간을 더 갖고 싶어 하는 요즘 직장인들의 욕구를 반영한 회사가 늘고 있음을 드러낸 것이라 할 수 있다.

유연근무제의 안착은 근로자와 기업, 정부가 모처럼 생각을 맞춘 결과다. 제도를 도입한 회사에는 정부가 노무비 일부를 지원해 부작용에 대한 우려를 덜어 준다. 직원은 주 5일, 하루 8시간 근무를 기본으로 유연근무를 하더라도 임금, 4대 보험 등에서 불이익이 없다.

그런가 하면 '잡 노마드(job nomad)족'도 눈에 띈다. 노마드(유목민)라는 단어가 의미하듯 이들은 한곳에 매이지 않고 자신의 필요에 따라 자유롭게 직장을 옮겨 다니는 사람들이다. 물론 이직에는 근무 환경, 급여 등 여러 이유가 있겠으나 자신이 생각하는 삶의 의미를 좇아 일터를 옮기는 사람들도 상당하다. 이는 분명 과거와 달라진 시각이다.

이러한 직장 개념 변화의 중심에 워라밸이 꿈틀거리고 있다. 워라밸을 구체적으로 의식하지 않으면서 이런 대열에 들어 있는 직장인들도 있다. 사실은 이미 자연스럽게 워라밸적으로 행동하고 있는 사람들이다.

워라밸을 추구하는 직장인들은 일방적인 노동에 머물고 싶어 하지 않는다. 돈보다는 즐겁게 일하면서 삶도 정서적으로 여유를 누릴 수 있기를 원한다. 지금보다 더 나은 일과 삶을 꿈꾸는 것이 워라밸러들의 비전이다.

'퇴사학교'는 이런 워라밸족들의 요구에 반응해 등장한 신개념 학교다. 한국에서 첫째가는 기업인 삼성전자에 다니다가 퇴사한 후 퇴사학교를 설립한 장수한 교장은 이 학교에서 '퇴사학개론'이라는 과목을 가르친다. 과목 이름이 마치 퇴사를 독려하는 것처럼 들리지만 실상은 더 나은 일과 삶으로 나아가기 위한 과정이다.

'퇴사학개론'은 제대로 행복과 기쁨을 누리지 못하는 현재의 직장에서 갈팡질팡하는 직장인들에게 희망의 메시지를 던져 준다. 먼저 자신이 원하는 것을 발견하게 해 주며, 현재의 리스크를 최대한 줄이는 가운데 원하는 직업으로의 변신을 도와준다.

퇴사학교는 '사이드 비즈니스', '퇴근 후 크리에이터' 등과 같은 실질적인 직업 코치까지 제공한다. 2016년 설립된 이래 1년에 수강생이 수천 명을 헤아릴 만큼 인기를 얻고 있는 것은 직장 내 워라밸족이 점점 늘고 있음을 보여 주는 일이다.

마음을 건강하게 해 줄 나만의 시간이 있는가

A씨(37세)의 회사는 주 52시간 근무제 시행 이전부터 주 근무시간이 40시간으로 변경되었다. 덕분에 A씨는 전혀 다른 세계를 맛보고 있다. 남들보다 일찍 퇴근해 다섯 살배기 딸아이를 어린이 집에서 데려온다. 그동안 아내와 맞벌이하느라 딸과 못 놀아 준 게 항상 마음에 걸렸는데, 이제는 더 많은 시간을 같이 보낸다.

딸이 좋아하니 행복감도 절로 올라간다. 무엇보다 시간적으로 여유가 있으니 잠도 푹 자고 아침에 일찍 일어난다. 덕분에 아침 1시간의 여유가 정말 행복하다. 그 시간 A씨는 평소 하고 싶었던 그림 그리기를 한다. 그 시간만큼은 자신만의 시간이라는 생각이 들어 세상을 다 얻은 기분이다.

진정한 워라밸러는 단지 일찍 퇴근해 개인시간을 누리는 데 그치는 게 아니라 여가를 어떻게 쓰는가를 중시한다. 일에서 얻지 못하는 또 다른 의미를 추구하기 위해서다. 여가 활동을 통해 업무 스트레스를 풀 뿐 아니라 자기계발이나 취미생활 등도 할 수 있다.

이러한 워라밸족의 여가 활동 증가를 나타내는 지표는 자기계발 기관이나 취미생활 관련 제품들의 매출 증가로도 짐작할 수 있다. 자기계발과 관련해 앞의 퇴사학교와 더불어 인생 2막을 다루는 교육업체인 '인생학교 서울', 실무교육 전문회사인 '패스트 캠퍼스' 등에 수강생들이 몰리고 있다.

이런 현상들이 한국인들의 직장관이나 라이프 스타일에 대한 의식 변화를 모두 대변하는 건 물론 아니다. 기본적인 사고가 그리 쉽게 바뀔 수는 없으니 아직 보편적 변화까지는 아닐 것이다.

한국인들이 삶의 어떤 부분에서 행복을 찾는지 보여 주는 자료가 있다. 문화체육관광부에서 '국민 행복도'에 관한 한국인의 의식과 가치관을 조사한 적이 있다. 우리나라 사람들이 중요하게 여기는 행복 요소들을 살펴볼 수 있어 가져와 보기로 한다.

한국인의 의식 · 가치관 조사 – 국민행복도 부분(10점 만점 기준)

항목	중요도(A)	만족도(B)
건강	9.4	7.8
배우자	8.9	8.3
자녀	8.6	8.4
소득 · 재산	8.6	6.6
직장생활	8.4	7.0
친구	8.1	7.8
문화 · 여가 생활	7.8	6.3
종교 생활	5.7	7.2

(출처: 문화체육관광부)

행복을 느끼게 하는 중요 조건과 관련해 위 표를 다음과 같이 단순화시킬 수 있다.

건강 > 가정(배우자, 자녀) > 경제(소득과 재산, 직장) > 개인(친구, 문화 · 여가 생활, 종교 생활)

즉, 우리나라 사람들은 건강과 함께 가정에서 가장 행복감을 느낀다. 소득과 재산을 경제로 볼 수도 있지만 사실은 이 또한 가정과 밀접한 요소다. 직장과 개인은 행복 요소에서 그다음 순서인 것으로 조사되었다.

하지만 위의 표에서 보듯 만족도 면에서는 중요도와 같은 순위로 결과가 나오지 않았다.

특히 경제적인 부분과 개인(문화·여가 생활 등) 부분에서 낮은 만족도가 나왔다. 이는 결국 일과 관련한 문제로 귀결된다. 왜냐하면 일과 소득에 대한 만족도가 낮다는 것은 그에 대한 개선에 골몰하기 쉽고, 그러다 보면 개인생활을 챙길 여유도 없게되기 십상이기 때문이다.

선진국과 비교할 때 분명 한국인들의 직장생활 만족도는 낮은 편이다. 그 책임을 단지 직장 문제로만 돌리는 것은 부적절하다. 워라밸을 꿈꾸지만 오직 직장 때문에 워라밸을 방해받고 있다고 생각하는 것도 지나치다.

물론 직장에 상당 부분 원인이 있겠지만 그 직장을 선택한 것은 자신이다. 자신에게도 책임이 있다는 얘기다. 주변에 워라밸을 이루고 있는 사람들을 보라. 그들은 그냥 하루아침에 그 자리를 얻은 것이 아니다. 부단한 노력과 끈기로 이룬 성취일 것이다.

우리 자신의 삶을 돌아보자. 다람쥐 쳇바퀴 돌 듯 직장에서 하루를 지내고, 퇴근 후에는 으레 커피숍, 카페, 술집에서 시간을 보내고, 혼자인 시간에는 스마트폰에 머리를 박고 있는 모습이 오늘날 우리들의 자화상 아닌가.

실제로 야간문화를 대표하는 신촌이나 강남 거리는 밤이면 어깨가 부딪칠 정도로 사람들로 북적이고, 지하철은 스마트폰이 점령해 이젠 책을 읽는 사람이 희귀할 정도다. 그 나름대로 만족은 있겠지만 어떻게 판에 박은 듯 유사한 방식으로 개인시간을 보낼까.

이런 상태라면 워라밸에 대한 생각조차 끼어들 틈이 없어 보인다. 당신은 어떤가. 진정 워라밸을 꿈꾼다면 허비하는 시간의 내용부터 바꿔야 한다. 의미 있는 여가를 갖고 싶다면 그 의미 있는 생활이 무엇인지 찾고 두드려야 한다. 아무것도 하지 않으면서 직장 탓만 하고 시간이 없다는 불평만 하고 있다면 결과 역시 아무것도 달라지지 않을 것이다.

워라밸,
얼마나 아나요?

욜로, 소확행, 케렌시아, 가심비

워라밸과 비슷한 개념의 신조어들이 있다. 인터넷 검색에 워라밸을 치면 연관 검색어로 다음과 같은 단어들이 따라 나온다.

욜로, 소확행, 케렌시아, 가심비….

이젠 대중어가 된 욜로(YOLO)는 'You Only Live Once'의 첫 글자를 따서 만든 말이다. 한 번뿐인 인생, 오늘을 즐기자는 뜻 정도로 이해하면 된다. 과거 유행했던 까르페디엠(carpe diem, 지금을 즐겨라)과 유사하다.

욜로족들이 즐기는 방식은 주로 해외여행, 자유 직종, 맛있는 음식 등을 통해서 표출된다. 하지만 이런 것들을 즐기자면 꽤 많은 돈이 들 수밖에 없다. 주머니 사정이 애처로운 젊은이들에겐 그림 속의 꿈이다. 그래서 등장한 게 '소확행'이다.

소확행은 '소소하지만 확정적인 행복'이라는 뜻으로 욜로의 축소판이라 할 만하다. 소확행족들은 낭만적인 카페에서 카페라테 즐기기, 만화 보며 라면 끓여 먹기, 서점에 앉아 좋아하는 책 읽기 등과 같이 소소하지만 확정적인 행복을 누리는 삶을 추구한다.

최근에는 '케렌시아족'도 늘고 있는데 이는 나만의 힐링 장소에서 편안한 쉼을 누리며 행복을 추구하는 신인류들이다. 케렌시아는 스페인의 투우들이 투우사와의 승부에 나서기 전에 대기하는 장소다. 투우들은 이곳에서 편안하게 쉬면서 좋은 음식을 제공받는다. 이제 죽을지도 모르기 때문이다. 이처럼 나만의 휴식처에서 힐링을 만끽한다는 뜻을 사람에게 적용한 것이 케렌시아족이다. 물론 케렌시아족의 휴식처는 화려하고 럭셔리한 곳이 아니라 소소하지만 나만의 행복을 누릴 수 있는 장소다.

가심비는 웰빙과 행복을 추구하는 욜로족, 소확행족들의 소비 방식에서 나온 말이다. 가격 대비 성능을 뜻하는 '가성비'의 가운데 글자를 '마음 심(心)'으로 바꿔서 가격 대비 심리적 만족을 중시하는 소비 형태다.

욜로, 소확행, 케렌시아, 가심비에서 느낄 수 있는 공통점은 '성공'보다는 '행복'에 방점을 둔 삶을 추구한다는 사실이다.

워라밸도 이런 시점에 주목받기 시작했다. 그런데 다른 모든 것과 워라밸은 분명 차이가 있다. 워라밸이 품고 있는 의미는 얕은 것 같으면서도 깊고, 좁은 것 같으면서도 넓다. 단지 일과 삶의 균형이라는 점만을 놓고 보면 단순하게 접근할 수도 있을 것 같지만 '균형'이 내포하는 의미에 초점을 맞춰 파고들면 생각해 볼 여지가 훨씬 깊어질 수 있다.

워라밸 취재 중에 만난 직장인 B씨(43세)는 요즘 들어 더욱 짓눌린 삶의 무게를 느낀다. 정말 사는 게 쉽지 않다. 돈 걱정 없이 지나가는 달이 없다. 생활비에 더해 초등학교, 중학교에 다니는 두 아이의 학원비가 여간 부담스럽지 않다. 마이너스 통장 신세를 질 때도 있다. 이런 사정을 아는지 모르는지 아이들은 눈만 뜨면 유행하는 옷이며 먹고 싶은 음식이며 돈 들어갈 일들을 되뇐다.

고된 하루 일을 마치고 돌아와 좀 쉬려 하면 이번엔 아내가 태클을 걸어온다. 당신은 왜 누구네 아빠처럼 집안일을 안 도와주느냐, 우린 언제 여유 있게 살아 보냐면서 사나이 자존심을 긁는다. B씨도 발끈해 아내와 한바탕하고 구석방에 박혀 겨우 마음을 달래는데, 요란스런 카톡 알림 소리가 귓전을 때린다.

이건 무슨 사단! 낮에 B씨가 처리한 기획서에 문제가 있다는 상사의 메시지가 떴다. B씨는 마치 이등병처럼 벌떡 일어나 사내 망으로 보냈던 이메일을 열어서 살피기 시작한다. 다음 날 출근해서 봐도 될 일이지만 편치 않은 마음이 컴퓨터를 켜게 한 것이다.

아마도 비슷한 경험을 가진 사람들이 많을 듯싶다. 정말 오늘을 살아 내는 사람들에게 존경심을 보내야 할 만큼 현대인들의 일상은 마치 살얼음판 위를 걷는 듯 위태롭다.

인류 역사상 지금만큼 문명이 발달한 적이 없으며 지식이 발전한 적도 없다. 그런데 왜 우리네 삶은 갈수록 힘들고 불안해질까? 그 이유에 대해 여러 가지 설이 있지만 '균형론'에서 그 원인을 찾고 싶다. 균형론은 워라밸과 밀접한 관계가 있으므로 주의 깊게 들어 주기 바란다.

워라밸에 담긴 철학적 의미

균형론이란 자연이 균형을 이루며 질서 있게 돌아가는 것처럼 인간도 균형을 이룰 때 가장 행복할 수 있다는 가설이다. 반대로 말하면 오늘날 인간이 어려움에 직면해 있는 것은 그 어느 때보다 이 균형이 깨져 있기 때문이라 할 수 있다.

인간은 과학을 발전시키면서 우주와 자연의 실체에 접근하게 되었다. 그 과정에 우주는 균형을 이루며 질서 있게 돌아가고 있음이 확인되었다. 지구는 태양 주위를 돌고 또 태양계는 그 전체가 속한 은하계의 질서 속에 있다.

지구 환경도 마찬가지다. 냇물이 모여 강과 바다를 이루었다가 증발해 비가 되어 다시 땅을 적신다. 물이 가진 순환의 균형이다. 대기 역시 각 대기층의 균형으로 질서가 유지된다. 그런 면에서 근래의 지구온난화는 인간의 탐욕이 초래한 자연 질서의 훼손에서 비롯되었다. 그로 인한 이상한파와 폭염, 폭우는 균형을 무너뜨린 인간에 대한 경고다.

생태계도 다르지 않다. 식물은 태양과 토양, 물 등의 자연 에너지로 스스로 양분을 생산하고, 곤충이나 쥐 같은 1차 소비자는 식물을 먹고산다. 새나 뱀 같은 2차 소비자는 1차 소비자를 먹고, 매나 사자 같은 3차 소비자는 2차 소비자를 먹고산다. 마지막으로 이들의 사체를 세균과 곰팡이가 분해 처리함으로써 먹이사슬로 엮인 생태계의 균형을 완성한다. 멸종 동식물은 인간이 자연의 이용을 확대하며 이 질서를 깨뜨린 결과다.

생태계의 균형을 이루는 먹이 피라미드

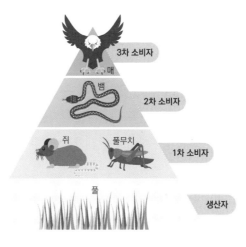

이처럼 인간 주위를 감싸고 있는 자연 환경은 균형이 깨지는 순간 지구 차원의 몸부림이 일어난다. 하물며 그 중심에서 사는 인간에게 이 '균형'이 필요할 것은 두말할 나위 없다.

실제 인간의 몸도 균형을 이룰 때 질병 없이 건강한 삶을 누릴 수 있다. 인체의 상하좌우 대칭, 내부 장기의 역할, 혈액순환 등 모든 조건이 그러하다. 대부분의 질병이나 통증 등의 증상들은 바로 이 균형이 깨질 때 일어난다. 오늘날 현대인들에게 질병이 만연하는 이유는 무질서한 생활습관으로 몸의 균형이 깨진 경우가 많기 때문이다.

사람의 마음도 이런 질서 안에 있다. 심리학에서는 인간의 마음을 '지정의(知情意)'로 표현하기도 한다. 지성(知性), 감정(感情), 의지(意志)가 균형을 이룰 때 마음이 평온할 수 있다는 뜻이다. 그리고 이 질서가 흔들리거나 과잉되면 마음에 문제가 생긴다고 한다.

몸의 균형이 깨지면 병이 오는 것처럼 마음의 균형이 깨지면 인간관계의 갈등이나 마음에 고통이 온다. 원불교에서는 이처럼 마음의 균형이 깨져 한쪽으로 쏠린 상태를 마음병이 생긴 상태라 말한다. 균형이란 이처럼 인간의 행복에 결정적인 영향을 미치는 요소다.

이런 기준으로 워라밸을 보자.

인간의 삶은 크게 일과 생활(일 외 여가를 통칭)로 나눌 수 있고,

대부분의 사람들은 둘 모두를 병행하면서 산다. 그래서 두 요소가 조화되어야 하며, 이는 인간의 행복을 결정짓는 기본 중의 기본이다.

자연이 균형을 이루어야 질서 있게 돌아가듯 인간의 일과 생활도 균형을 이루어야 그 주인의 삶을 평화롭게 해 줄 것이다. 그러나 산업화 시대 이전과 비교할 때 현대인은 일과 생활의 균형이 심하게 깨져 버렸다. 특히 워크홀릭이라는 말이 대변하듯 우리나라 사람들은 일에 치우쳐 사는 이들이 많다. 또, 산업 구조의 변화로 직장을 잃거나 취업을 못해 허덕이며 사는 사람들도 늘어나고 있다.

이처럼 일과 생활의 외형적, 내용적 균형이 깨지다 보니 오늘날 우리의 삶이 어렵고 팍팍하게 다가오는 것이다. 이런 상황에서는 설령 여가가 주어진다 하더라도 즐겁고 의미 있는 시간을 갖기 어렵다. 질서 없이 보낸 시간이 길다 보니 나쁜 방향으로 관성이 생겼기 때문이다.

만약 당신의 일상이 힘들고 건조하다면 그 속에 갇혀 행복할 수 있는 방법을 잊어버렸거나 체념하고 사는지도 모른다. 이제 관건은 어느 지점에서 어떤 전환으로 삶의 방식을 리셋해 행복을 찾아갈 것인가다.

일 · 생활 · 균형의
상관관계

수학 기호로 풀어 보는 워라밸

일과 생활의 상관관계를 수학 기호로 표현해 보았다. 일부는 꼭 알맞은 기호가 없어 약간의 임의해석을 넣었지만 의미 전달에 도움이 될 수 있을 것 같으니 한번 새겨 보자.

1) 일 > 생활: 힘듦(일에 치우친 상태)

2) 일 < 생활: 무기력(일이 별로 없는 상태)

3) 일 ≒ 생활: 외형적 대등(일과 생활이 시간적 균형만 이룬 상태)

　　※ ≒는 근삿값 기호로 이 책에서는 불완전한 균형을 의미한다.

4) 일 ↔ 생활: 행복(일과 생활이 시간적, 내용적 균형을 이룬 상태)

　　※ ↔는 쌍방향 화살표로 이 책에서는 서로를 만족시키는 필요충분조건을 의미

　　한다.

1) '일 > 생활'은 일에 치우쳐 사생활이 거의 없는 상태다.

과거 우리나라가 빈곤할 때는 일에 치우친 생활이 행복일 때도 있었다. 경제 발전을 위한 일의 창출이 잘살 수 있다는 희망을 불어넣어 줬기 때문이다. 그래서 그 시절에는 열심히 일하는 것을 미덕으로 여겼다. 하지만 이제는 더 이상 일만으로 행복을 얻을 수 없다는 사실이 하나둘 드러나고 있다. 오히려 과로가 건강을 해칠 뿐 아니라 행복한 생활을 파괴하는 주범이라는 인식이 넓게 자리 잡아 가고 있다.

2) '일 < 생활'은 역으로 일이 별로 없어 일상이 무기력에 빠진 상태다.

어떤 이는 "돈만 있으면 난 일하지 않을래."라고 말한다. 하지만 일하지 않고 딱 두 달만 놀아 보라. 대개는 무력감에 빠진다. 무엇보다 하루가 다르게 급변하는 세상에서 마치 나만 도태되는 것처럼 느껴져 소외감에 젖어 든다.

무엇보다 '일 < 생활'의 상태에 있는 사람들 대부분의 비극은 돈이 없다는 데서 찾을 수 있다. 경제력이 부재한 상태에서의 '일 < 생활'은 심지어 가정 파괴를 불러올 수도 있다. '일 < 생활'의 상태가 일으키는 문제들은 결국 일과 삶의 균형이 깨진 데서 근본 원인을 찾을 수 있다.

3) '일 ≒ 생활'은 일과 생활이 외형적으로, 시간적으로 균형을 이룬 상태다.

여기에는 두 부류의 유형이 있을 수 있다. 하나는 경제적 수입이 그리 많지 않은 상태에서의 '일 ≒ 생활'이고, 다른 유형은 경제적 수입이 높은 상태에서의 '일 ≒ 생활'이다. 후자의 경우 상류층이 주로 해당될 것이다. 최소한 남들의 눈에 이들의 삶은 여유롭고 안정되어 보인다. 그래서 부러움도 자아낸다. 정해진 시간 동안만 일하고 퇴근 후에는 가족들과 함께하거나 취미생활, 자기계발을 위한 시간도 가질 수 있다.

하지만 수입이 그리 많지 않은 상태에서의 '일 ≒ 생활'이라면 여가를 즐기기보다는 경제적 압박을 벗어나기 위해 투잡(two job)으로 갈 가능성이 높다. 그러면 다시 '일 > 생활'의 상태에 놓이게 되는 것이다. 실제 주 52시간 근무제 이후 투잡족이 늘어난 것이 그 증거이기도 하다.

경제적 수입이 높은 '일 ≒ 생활' 상태도 여가를 어떻게 쓰느냐에 따라 행복도가 달라질 수 있다. 일에서는 과로하지 않으면서 높은 수입을 얻기에 만족할 수 있겠지만 생활에서 여가를 잘 못 보내고 있다면 삶의 만족도가 낮을 수 있다.

3)의 '여가 확보'와 관련해 조금 보충할 이야기가 있다. 우리는 여가가 많을수록 좋을 거라고 생각하지만, 최근 택시를 탔다가 만난 택시기사는 다른 이야기를 들려주었다.

그는 머리가 희끗하고 주름이 깊게 팬 외모가 인생의 연륜을 풍기는 노년의 남자였다. "어서 오세요."라는 인사가 여간 경쾌

하지 않아 나도 응대했다.

"연세도 있어 보이시는데 활기차시네요. 일이 즐거우신가 봐요."

내 말에 뜻밖의 대답이 돌아왔다.

"이래 봬도 나 대기업 임원까지 했던 사람이오."

"네? 그런데 어떻게 택시 운전을?"

"허허, 정년퇴직하고 꿈에 그리던 휴식을 취하게 되었지. 퇴직 후를 걱정하는 사람들도 있지만 난 여가가 많아지면 더 행복해질 줄 알았어요. 하지만 그건 내 착각이었소. 은퇴하고 한 3년 삼시이 생활을 했는데, 아내가 날 구박하기 시작하는 거요. 그러다가 싸움으로 번지고. 뭔가 잘못되었다는 걸 깨닫는 데 3년이나 걸렸어. 이혼 위기까지 갔으니…. 그때 내가 깨달았지. 그래 다시 일하러 나가야겠다. 그래서 시작하게 된 게 바로 이 일이오."

이 이야기를 들으며 200% 공감되었다. 나 역시 프리랜서 생활을 하며 비슷한 경험을 한 적이 있기 때문이다. 그래서 택시 기사에게 "참 잘하신 것 같아요."라며 맞장구쳐 주었다. 만약 이분이 일하러 나오지 않고 버텼으면 평생을 지켜 온 인격은 물론 가정마저 파괴되었을지 모른다. 실제로 황혼이혼이 늘어 간다는 통계가 있지 않은가.

이처럼 아무리 여가가 확보되어 있다 해도 이를 잘 활용하지 못하면 행복에 이를 수 없다. 관건은 여가의 양보다 어떤 여가를 갖느냐다. 따라서 '일 ≒ 생활'의 상태에 있는 사람이라면 즐겁고 의미 있는 여가를 보낼 수 있는 방법을 적극 모색해야 한다.

'일 ≒ 생활'의 상태에 있는 사람이 해결해야 할 문제는 또 있다. 지금 하고 있는 일이 지겹거나 의미를 느낄 수 없다면 삶이 어떨까? 아마도 행복하지 않을 것이다. 당신이 야심이 있는 사람이라면 더 그럴 수 있다. 따라서 '일 ≒ 생활'의 상태에 있는 사람에게는 보람되고 의미 있는 일을 할 수 있는 환경을 구축하는 것도 중요한 과제로 다가온다.

일과 생활이 내용적으로 공존되어야 한다

4) '일 ↔ 생활'은 일과 생활이 시간적, 내용적으로 균형을 이루어 행복을 일으키기 가장 좋은 상태다.

'↔'는 양쪽이 서로를 만족시키는 필요충분조건의 뜻이자 나아가 서로 방해하지 않고 소통되는 이상적인 균형이다. 이는 얼핏 3)의 '일 ≒ 생활'과 시간 배분적으로는 별 차이가 없어 보인다. 그러나 크게 다른 점이 있다. 다음을 보며 이해해 보자.

예컨대 화가가 꿈이었던 사람이 있다 치자. 그는 학창시절 화가 지망생이었지만 부모의 반대로 미대를 가지 못하고 경제학과를 나와 평범한 회사원이 되었다. 이후 회사원으로서의 삶은 성과에 대한 압박, 동료 간의 경쟁 등 여느 한국인의 직장살이와 별반 다를 게 없었다. 회사 일로 스트레스를 받을 때 가끔은 가지 않은 길(화가)에 대한 아쉬움이 그를 쓸쓸하게 한다는 것이 다를 뿐.

그러던 중 주 52시간 근무제가 시행되며 더 많은 여가를 얻게 되었다. 정시 퇴근을 하면서 저녁에 운동을 할 수 있게 되었고, 가끔은 화랑에 들러 그림을 감상하는 호사도 누린다. 그러던 중에 다시 그림 공부를 해 볼까 싶기도 했지만 '이제 와서 무슨' 하는 생각에 고개를 저었다. 하지만 여기서의 선택이 그를 '일 ≒ 생활' 상태에 머물게 할 수도 있고, '일 ↔ 생활'로 나아가게 할 수도 있다.

전자는 늘어난 여가를 화랑 방문 또는 운동에 배정해 전보다는 여유 있게 살지만 더 이상은 변화가 없는 것이다. 즐겁지 않은 직장에 대한 마음도 그대로여서 일과 생활의 외형적 균형만 이룬 상태다.

후자는 못다 한 꿈을 더 적극적으로 일으키는 선택을 하는 것이다. 여가를 활용해 늦깎이일지언정 다시 그림 공부를 시작하는 삶이다. 그림학원에 다니며 배우고 동호회 활동을 하고 화구를 사서 집에다 소박한 화실도 꾸밀 수 있다. 아마 그에게는 직장의 의미도 달라 보일 것 같다. 꿈을 이어 갈 수 있게 하는 소중한 터전이 아닌가.

사람들 중에 꿈과 직업이 일치하는 경우는 사실 많지 않다.

고교 운동선수가 프로선수에까지 이르는 비율은 2~3%에 불과하다. 문학도 중에 작가가 되는 사람 역시 소수다. 그들의 직업을 보면 운동선수 출신은 학교 체육교사, 스포츠센터 지도자, 문학도 출신은 출판사 직원, 기자, 학교 국어교사 등으로 많이 일하는 것 같다. 그래도 꿈과 비슷한 분야여서 괜찮아 보인다.

그런데 현실의 직업과 상관없이 꿈을 이어 가는 사람도 있다. 공무원이면서 작가가 된 사람, 기술인으로 일하면서 보디빌더가 된 사람이 있다. 기타리스트가 꿈이었던 어떤 교수는 뒤늦게 아마추어 밴드를 조직해 활동하고, 체육교사를 하다가 코치나 스포츠 해설가가 된 사람도 있다.

그들에게 현실의 직업은 어떤 의미일까. 꿈과는 다른 선택이었기에 계속 재미없는 일터일까. 그렇지 않을 것 같다. 생활은 누구에게나 소중하고 그들 역시 직업을 통해 경제를 해결하고 있어서 늦게라도 꿈을 키워 갈 수 있지 않았을까.

희망 분야와 일이 일치한다면 더없이 좋겠지만 다르다고 해서 현실의 일을 따분해할 건 아니다. 꿈이든 마니아적인 취미든 경제를 해결하지 않고는 매우 힘든 여정이 될 게 뻔하다. 그렇다면 직장은 꿈을 이어 가게 해 주는 고마운 인큐베이터인 것이다.

생활 쪽의 목표가 거창하지 않아도 괜찮다. 취미, 자기계발, 사회봉사 등 일 이외에 나를 진정으로 기쁘게 할 수 있는 것이라면 무엇이든 목표가 될 수 있을 것이다.

일과 생활이 균형을 이루며 공존하고 서로를 만족시키는 '일 ↔ 생활' 상태란 이와 같은 것이다. 일과 생활이 단지 외형적인 균형을 이루는 '일 ≒ 생활'보다는 더 차원이 높고 인간적으로 보이지 않는가. 워라밸은 그렇듯 나에 대한 사랑에서 출발하는 것이다.

일과 생활의 네 가지 유형에 대해 이야기해 봤다. 이제 선택은 스스로의 몫이다. 워라밸족을 꿈꾼다면 지금 자신의 상태를 '일 > 삶'이나 '일 < 삶'에서 최소한 '일 ≒ 삶'의 상태로 만들기 위해 노력해야 한다.

나아가 정말로 행복한 삶을 살기를 원한다면 '일 ↔ 삶'의 상태를 만들기 위해 정진해야 한다. 그때 비로소 당신은 워라밸이 있는 행복한 인생에 성큼 다가서게 될 것이다.

잘 산다는 것의 의미,
새로운 패러다임이 필요하다

나의 워라밸 지수는?

'워라밸 지수'라는 게 있다. 특정 국가 또는 그 나라 국민의 삶이 워라밸과 얼마나 가까운지 판단해 보는 것이다.

국제적으로는 첫 장에서 언급했던, OECD(경제협력개발기구)의 '베터 라이프 인덱스' 조사가 알려져 있다. OECD 회원국을 대상으로 한 이 조사에서 한국의 워라밸 지수는 10점 만점에 4.7점(32위)으로 1위인 네덜란드(9.3점)에 비해 크게 밀린다. 네덜란드 다음으로는 덴마크 > 프랑스 > 노르웨이 > 벨기에 등이 8점 이상으로 상위권을 형성하고 있다.

국내에도 일과 생활의 균형에 관심을 가져 워라밸 지수를 전파하는 곳이 있다. 아래는 그중 하나로 대구경영자총협회에서 제시한 '워라밸 지수 측정법'이다. 직장인을 대상으로 한 것으로 아래의 10가지 질문에 답하는 방식으로 구성되어 있다.

휴식 보장, 여가 정도 등에 질문이 맞춰져 있고 개인시간의 활용 방식이나 그에 대한 만족도 등은 측정에서 빠져 있어 문항이 구체적이지는 않다. 그래도 자신의 휴식과 여가 상태를 중심으로 대략적인 워라밸 지수는 측정해 볼 수 있을 것 같다. 방식은 표의 문항을 체크한 후 그 개수의 합이 상·중·하 어디에 위치하는지 확인하면 된다.

워라밸 체크 리스트

☑ CHECK LIST

☐ 일주일 평균 세 번 이상은 정시 퇴근한다.
☐ 상사의 눈치로 인한 불필요한 야근을 하지 않는다.
☐ 퇴근 후 메신저로 업무 지시를 받는 경우가 거의 없다.
☐ 직장에서 회식을 강요하지 않는다.
☐ 직장 내에 업무 시간을 변경할 수 있는 제도가 있다.
☐ 연차를 자유롭게 사용할 수 있다.
☐ 퇴근 후에 즐길 수 있는 여가 활동이 있다.
☐ 업무 스트레스가 적은 편이라고 느낀다.
☐ 직장에서 개인적인 삶을 존중해 준다고 느낀다.
☐ 워라밸에 대해 알고 있다.

7개 이상

워라밸이 굉장히 높으시네요.

앞으로도 유지할 수 있도록 노력해 봐요.

4~6개

고지가 눈앞이에요. 조금만 더 힘을 내세요.

1~3개

실망하지 마세요.

함께 장시간 근로시간을 개선해 나가면 워라밸을 높일 수 있어요.

(출처: 대구경영자총협회)

당신의 워라밸 지수가 높다면 남들보다 일과 삶에서 균형이 맞춰진 삶을 살고 있는 셈이다. 그러나 주변에서 그런 사람을 찾아보기란 쉽지 않다. 주변 지인들을 대상으로 워라밸에 대해 들어 본 적이 있는지, 워라밸에 대해 어떻게 생각하는지 질문했을 때 무슨 귀신 씻나락 까먹는 소리 하냐는 듯 개념조차 못 잡는 사람들도 많았다.

워라밸과 관련한 다른 조사도 하나 보자. 비영리재단 일ㆍ생활균형재단 산하 WLB연구소가 직장인 1,007명을 대상으로 설문조사한 것이다. 과연 대한민국 직장인들은 워라밸 관점으로 볼 때 어떤 삶을 살고 있을까?

(주 52시간 근무제 시행 전의 조사이지만 기업 규모에 따라 2021년 7월까지 순차적으로 제도가 적용되기 때문에 조사 결과에 의미가 없지는 않다.)

WLB연구소는 단지 근로시간만을 토대로 일과 생활의 비율을 설문했는데, 결과는 '일 83 : 생활 17'로 나타났다. 워라밸 시각으로 볼 때 일과 생활의 균형이 무너져 개인생활이 사실상 없다는 충격적인 결과다. 우리나라 직장인들은 거의 일에 편중된 생활을 하고 있음이 드러난 셈이다.

WLB연구소는 일에 묻혀 지내는 직장인들의 삶이 어떤 결과를 초래하는지에 대해서도 조사했다. 아래가 그 결과다.

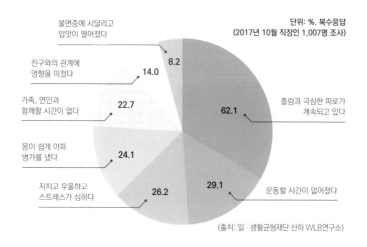

일과 생활의 균형이 무너지면서 발생한 문제

단위: %. 복수응답
(2017년 10월 직장인 1,007명 조사)

불면증에 시달리고 입맛이 떨어졌다 **8.2**

친구와의 관계에 영향을 미쳤다 **14.0**

가족, 연인과 함께할 시간이 없다 **22.7**

몸이 쉽게 아파 병가를 냈다 **24.1**

지치고 우울하고 스트레스가 심하다 **26.2**

졸림과 극심한 피로가 계속되고 있다 **62.1**

운동할 시간이 없어졌다 **29.1**

(출처: 일 · 생활균형재단 산하 WLB연구소)

표로 보는 바와 같이 결과가 이 정도라면 워라밸은커녕 워라밸 근처에도 못 가는 수준이다. 시선을 넓게 돌리면 직원 개인을 넘어 기업의 입장에선 회사의 경쟁력을 걱정해야 할 모습이기도 하다. 이런 상태의 구성원들을 데리고 기업이 어떻게 치열한 경쟁의 정글에서 살아남을 수 있겠는가.

주 52시간 근무제가 그나마 숨통을 틔어 주는 전환점이 될 수 있지만 주 52시간 내로 근무를 제한한다 해도 사실은 적은 시간이 아니다. 평일(월~금요일)에만 근무한다면 하루 평균 10.4시간. 아침 9시부터 점심시간 1시간을 포함해 저녁 7시 24분에 퇴근하는 근무 사이클이다. 유럽 직장인들의 일주일 평균 근로시간은 대부분 40시간 정도다.

워라밸의 기본은 자아를 회복하는 것

D씨(31세)는 건장한 체격을 가진 직장인이다. 취업이 어려운 터라 몇 군데 중견기업에 떨어지고 마지막으로 지금의 중소기업 영업직에 도전했다. 이상하게도 면접관은 술이 센지를 집중적으로 물었고 D씨는 나름 자신 있다고 답했다.

그렇게 조금은 찜찜하게 합격했고 입사 첫날부터 회식이 이어졌다. 회식 자리에서 한 선배가 이 회사에 다닌 후로 고혈압과 당뇨병이 생겼다는 불길한 말을 했다. 작은 회사라 아직 주 52시간 근무제가 적용되지 않아 퇴근시간이 들쑥날쑥했고, 무엇보다 영업직이다 보니 거래처

사람들과의 술자리가 잦았다. D씨는 억지 술로 숙취가 쌓여 갔다.

게다가 퇴근 후에라도 마음 편히 쉬려 하면 끊임없이 회사 카톡이 울려서 제대로 쉬는 게 아니었다. 회사 카톡은 심지어 주말에도 이어졌다. 4년 정도가 지나면서 D씨의 몸은 점점 망가져 갔다. 하루는 갑자기 머리가 띵한 증상이 일었다. 깜짝 놀란 D씨는 병원부터 찾지 않을 수 없었다.

대한민국에는 D씨와 비슷한 이유로 격무에 시달리는 직장인들이 많다. 그들에게 주로 나타나는 증상으로는 WLB연구소의 조사에서 보듯 극심한 피로, 우울증, 건강 악화, 불면증 등이다. 이를 방치했다가는 '번아웃(burn-out)증후군'으로 넘어갈 수도 있기 때문에 조심해야 한다.

번 아웃이란 말 그대로 타서 없어져 버린다는 뜻이다. 의욕이 바닥을 보이며 모든 게 귀찮고 무기력에 빠지는 상태다. 그 전조 중 하나인 우울증은 단지 휴식으로 해결될 일이 아니어서 더욱 위험하다.

이와 연관해 2019년 6월 '벼룩시장 구인구직'이 발표한 직장인 우울증 조사 결과(878명 표본 조사)는 충격적이기까지 하다. 응답자의 94.5%가 직장생활 중 우울감을 느낀 적이 있다고 대답했다. 도대체 거의 전부가 '그렇다'라고 답하는 조사가 세상에 얼마나 될까.

우울감을 느낄 때의 증상으로는 의욕상실, 무기력증(36.2%)에 빠지곤 한다는 대답이 가장 많았다. 그다음으로는 만성피로(15.6%) > 심한 감정기복(13%) > 수면장애(12.3%) 순으로 고통을 호소했다.

이 조사에서는 우울감이 유발되는 이유에 대해서도 물었는데, 다음과 같은 대답이 나왔다.

▲ 직장인이 우울감을 느끼는 이유

- 자신의 미래에 대한 부담감: 23.9%
- 상사, 동료와의 관계: 23.2%
- 과도한 업무량: 22.1%
- 승진, 연봉 등에 대한 주변인과의 비교: 13.8%

(출처: 벼룩시장 구인구직 2019년 6월 조사)

'직장인 우울증'은 최근 국어사전에 하나의 표제어로 올랐을 만큼 문제성이 가볍지 않다. 직장인 우울증과 관련해 '369증후군'이라는 말도 있다. 국어사전에 '3개월, 6개월, 9개월 단위로 우울증과 무기력증을 반복해서 겪는 직장인'이라고 설명되어 있다.

다수의 직장인이 우울증에 시달리고 있다는 통계는 심각한 신호가 아닐 수 없다. 뭔가 대책이 필요한 시점이다. 어쩌면 지금 워라밸이 등장한 것은 우연이 아니라 필연일지도 모른다. 문제의 진짜 답은 원래 가장 기본에서 드러나는 법이니까.

<동아일보>와 딜로이트컨설팅이 공동으로 한국인의 주관적 행복도를 측정한 조사가 있다. 직종을 떠나 행복의 가장 기본인 '가족과 함께하는 시간'을 기준에 둔 조사였는데, 그 결과가 당연한 듯 울림 있게 다가온다.

▲ 한국인의 주관적 행복도 측정(기준 100점 만점)

- 가족과 하루 3~6시간을 함께하는 사람: 62.15점
- 가족과 하루 1~3시간을 함께하는 사람: 59.36점
- 가족과 하루 1시간 미만을 함께하는 사람: 50.24점

(출처: 동아일보 & 딜로이트컨설팅 2017년 12월 조사)

여기서 눈에 띄는 건 두 가지다. 먼저 행복도 지수가 100점 만점에 평균 58.71로 낮다는 것이고, 다음으로는 개인의 행복에 영향을 미치는 요소가 일보다 가정이라는 점이다. 조사에서는 굳이 '가족과의 시간'을 들었지만 이는 개인, 가정, 사적 영역 모두에 닿는 말이다.

직장인이 워라밸에 관심을 갖는 이유도 일을 조율해 개인생활을 더 누리고 싶은 본능적 욕구에서 시작되었다. 워라밸의 조건 중 가장 기본은 일 속에서의 '나'가 아니라 자연인으로서의

'나'를 회복하는 것이기 때문이다. 워라밸에 대한 다양한 측정이 있지만 결국 개인의 마음 상태로 귀결되는 것도 같은 이유다.

2016년 12월 뉴질랜드의 존 키 총리가 전격적으로 사임을 발표했다. 사임 당시 그는 55세로 정치인으로서 한창 일할 수 있을 나이였다. 그런데 왜 사임을 발표했을까? 그의 사퇴 변은 이랬다.

"나라의 지도자로 일한 10년은 긴 시간이었어요. 나는 사랑하는 조국의 총리로서 모든 노력을 다했습니다. 하지만 이 자리는 내가 가장 소중히 여기는 가족을 희생하게 했습니다."

그는 그만 과중한 일에서 벗어나 가족과 함께하는 시간을 갖고 싶었던 것이다. 다른 사임 배경도 있을 수 있겠지만 가족이 중요한 이유 중 하나로 들어간 것은 분명해 보인다.

오늘날 대한민국의 직장인들은 과도한 일로 인해 개인의 행복을 빼앗기고 있는 형국이다.

그런 의미에서 워라밸은 단지 잠깐 부는 바람이나 유행이 아닌 시대가 추구해야 할 꿈이자 목표일 수밖에 없다.

그렇다면 어떻게 해야 이 열악한 직장 환경 속에서 워라밸을 꿈꿀 수 있을까? 《더 희망》이라는 책을 쓴 송진구 교수는 '희망 + 절망 = 100'이라는 공식을 주장했다. 그 속에 이런 얘기가 나온다.

'인간은 1%의 희망이라도 있으면 살아갈 수 있는 존재이나 희망 0(또는 절망 100)이 되면 살아갈 수 없는 존재가 된다. 인간이 겪는 대부분의 정신적 문제(우울, 공황장애, 불안 등)는 절망의 수치가 100이 되고 희망의 수치가 0이 되었기 때문에 나타나는 증상들이다.'

공감이 가는 말이다. 아마도 직장인들의 번아웃증후군도 희망 0 상태에서 나타나는 증상일지 모른다.

송진구 교수의 주장에서도 워라밸에 대한 답을 찾을 수 있을 것 같다. 나도 워라밸을 이룰 수 있다는 희망 1%에 도전해 보는 것이다. 그때 비로소 나만의 세계가 조금씩 확보될 것이다. 덩달아 희망의 수치는 점점 더 올라갈 것이고.

이를 위해 직장인들은 다음 몇 가지를 실천해 볼 수 있다.

• 주말 중 하루는 무조건 가족과의 시간을 가진다.
• 취미가 없다면 이제부터라도 가져 본다. 금방 습관이 들지 않으면 동호회에 가입하는 것도 좋다.
• 평소 배우고 싶었던 것을 위해 학원을 다닌다. 예를 들면 특정 운동이나 악기 등.
• 꿈꾸던 일에 대해 공부하는 시간을 가진다.
• 이를 위해 아침이든 저녁이든 나만의 1시간을 확보한다.

100세 시대에
더욱 중요하게 다가오는 워라밸

은퇴 후 일과 삶의 균형이 무너진 사람들

직장인들이 일터에서 하루를 보내고 있을 시간, 바깥의 풍경은 어떨까? 이는 직장에 몸담고 있는 사람들은 잘 알지 못할 부분이다.

프리랜서인 나는 운동을 위해 곧잘 자전거를 탄다. 대개는 동네의 개천 변을 따라 왕복하는 정도인데, 그 길 한 곳에서 만나는 풍경이 있다. 개천을 가로지르는 다리 아래에서 30명쯤 되는 남자들이 삼삼오오 모여 장기나 바둑을 두거나 담소를 나눈다. 노년층이 많지만 50~60대 정도로 보이는 사람들도 꽤 있다. 아직은 일할 나이인데 왜 다리 밑에서 시간을 보낼까. 일하고 싶은데 일이 없어 그럴 수도 있고 아니면 일하기가 싫어서일 수도 있다.

지금까지는 일에 치우쳐 균형이 깨진 직장인들의 워라밸을 이야기했지만, 이번에는 시선을 돌려서 일이 없어 삶의 균형을 찾지 못하는 사람들의 이야기를 하고자 한다. 이는 나이가 들어서 은퇴한 사람들만을 의미하는 것이 아니다. 평생직장의 개념이 무너지면서 우리 주변에는 명퇴족, 황퇴족들이 넘쳐 난다.

지인 중 한 사람의 이야기다. 이벤트대행사에서 부장으로 일하는 40대 중반의 K씨는 연봉 인상을 놓고 회사와 신경전을 벌이다가 잠시 휴가를 다녀왔다. 그런데 휴가에서 돌아온 K씨는 그야말로 날벼락을 맞았다. 그사이 회사에서 같은 부서의 바로 아래 직원이던 경력 10년 차의 차장을 부장으로 승진시켜 K씨의 자리를 이어받게 한 것이다.

회사는 차장의 경력이 부장을 맡겨도 될 만하다고 여겼고, 더불어 더 싼 임금으로 부장을 기용하는 효과를 그런 식으로 처결했다. 이후 K씨에게는 부서원들이 수행한 업무를 뒤에서 보완해 주는 기획위원이라는 한직의 직함이 주어졌다. 연봉도 일부를 수행 급여로 전환해서 일이 없을 땐 줄어들게 되었다. 자존심에 상처를 입고 업무에 의욕도 갖기 어려웠던 K씨는 얼마 안 가 회사를 그만두었다.

이런 일들은 이미 직장에서 다반사로 일어나고 있다. 이러한 경우들을 황당한 퇴직이라 해서 '황퇴'라고 한다. 이보다 나은 경우가 '명퇴(명예로운 퇴직)'다. 황퇴니 명퇴니 하는 용어는 우리

사회에서 보통명사가 될 정도로 일반화되었다. 명퇴, 황퇴로 회사를 나오는 사람들이 그만큼 많기 때문이다.

이외 새롭게 등장한 퇴직도 있으니 조퇴, 당퇴 등이다. 조퇴란 이른 나이의 조기퇴직을 뜻하고 당퇴란 '당당한 퇴직'이다. 직장이 나를 내쫓기 전에 내가 먼저 당당하게 퇴직을 선언하는 경우가 당퇴다.

중년의 나이에 일자리를 잃은 것도 안타깝지만 문제는 그것만이 아니다. 급여가 끊기고 새로운 수입원을 찾아 거리에 나서게 되면서 삶의 질이 크게 떨어질 수 있다. 퇴직금만으로 버티기 어렵고, 새로운 일을 위해 투자했다가 잘못되기라도 하는 날에는 보유 자산의 소진이 더 빠를 수 있다.

워라밸 관점에서 보면 위험천만한 상황이다. 일과 생활의 균형은 고사하고 어느 한쪽으로 크게 기우는 경우도 허다하다. 새로 선택한 일을 안착시키기 위해 전념하다 보면 직장 시절보다 나를 돌아볼 겨를이 더 없다. 본의 아니게 일에 관심을 전부 쏟는 상태가 된다.

반대로 새로운 일을 정하지 못했거나 공백이 길어지는 입장일 때는 개인시간이 많아도 너무 많다. 그래 봐야 마음에 여유가 없어 자신을 돌보지도 못한다.

일단 퇴직자로서의 삶 자체가 워라밸을 잊게 만들기 십상이다. 최근에야 나온 워라밸 개념이다 보니 그에 대한 이해도가 낮아 적극적으로 자신을 챙기려 하지도 않는다.

조기퇴직으로 인한 중년의 방황은 사회적으로도 큰 문제다. 정부는 청년 취업에 목을 매지만 가정의 중심인 중년의 실직 또는 경제적인 고립을 방치하고서는 결코 건강한 사회를 이룰 수 없다. 이는 매우 중요한 문제로 좀 더 살펴볼 필요가 있다.

통계청에서 퇴직자 평균 연령을 조사한 일이 있다. 만 55~64세 4,232명을 대상으로 한 조사였는데, 정년의 기준이라고 할 수 있는 60세 이전에 퇴직한 비율이 91.6%에 달했다. 이는 직장인 10명 중 겨우 1명만이 정년까지 근무한다는 뜻도 내포하고 있어 애처롭기까지 하다.

또 하나 안타까운 사실은 퇴직의 평균 연령이다. 남자는 52세, 여자는 47세에 직장을 퇴직하는 것으로 나타났다. 100세 시대에 49세는 이제 겨우 전반전을 뛴 나이에 불과하다.

조기퇴직자의 비애는 여기에서 그치지 않는다. 40~50대라면 아직 학생인 자녀가 있기 십상이어서 가정적으로 한창 돈이 들어갈 시기다. 일을 멈출 수 없는 나이인 만큼 대부분 새로운 일을 찾아 나선다. 재취업이 안 되면 창업밖에 길이 없다. 창업에 나선다고 해 봐야 현직에 있을 때의 지식과 경험을 이어 갈 수 있는 업종은 생각만큼 많지 않다. 그러다 보니 흔히 선택하는 게 프랜차이즈나 요식업이다.

하지만 비슷한 입장의 창업자가 너무 많다. 몇 집 건너 편의

점, 치킨집일 정도로 경쟁이 심하다 보니 열심히 해도 수익을 내기가 어려운 구조다. 장시간 근무로 버티는 수밖에 없어 업무 강도가 직장 시절보다 더 세다. 그러면서 결과는 미흡하다.

100세 시대 워라밸이 필요한 이유

미래에셋은퇴연구소에서 조기퇴직자들의 은퇴 후 삶을 조사한 적이 있다. 이에 따르면 조기퇴직자의 32.4%가 창업하고 그중 74.2%가 실패한 것으로 나타났다.

같은 조사에서 조기퇴직자들은 금융사기에도 쉽게 넘어가는 것으로 나타났다. 그들은 대개 퇴직금과 명퇴금 등의 보상을 받고 퇴직해 목돈을 가지고 있는데, 곧잘 이런 돈을 노리는 하이에나들의 표적이 된다. 대표적인 게 금융사기꾼에 당하는 것으로 조기퇴직자들의 평균 피해 금액이 1억 5,000만 원을 넘는다.

이러한 현상은 퇴직자들에게 처절한 패배감을 안겨 주며 계층 하락, 가정 파괴로 이어져 사회적인 문제로까지 떠오르고 있다.

이 대목에서 꼭 전할 얘기가 있다. 현재는 직장인일지라도 언제 어떤 식으로 이직, 취업 공백, 조기퇴직이 찾아올지 모른다는 점이다. 한국의 취업 시장은 그만큼 불안하다. 그런 입장에 처했을 때를 대비해 제2의 직업에 대한 계획과 준비, 자기관리 등을 현직에 있을 때부터 다져 가야 한다.

100세 시대를 흔쾌히 축하할 수 없는 위기의 한국 사회에 해법으로 떠오르는 것 역시 워라밸이다. 이는 단지 일에 묻혀 사는 직장인만을 위한 것이 아니다. 퇴직 후 일이 없어 헤매는 퇴직자들 역시 잘 곱씹어 봐야 할 현재적 문제다.

워라밸의 뜻이 단지 여가의 확보에만 있는 게 아니라 일과 생활의 균형에 있음을 주지하라. 일에 파묻힌 삶도 행복을 깨지만 일이 너무 없는 생활도 행복과 괴리되는 법이다. 장수한 사람들 대부분이 늙어서도 일했다는 사실을 잊지 말자.

당신이 워라밸의 개념을 올바로 알았다면 지금부터라도 워라밸을 행동으로 옮겨 갈 수 있도록 해야 한다. 일이 과하다면 여가 확보를 위한 준비를 해야 하고, 일이 없다면 일을 만들기 위해 노력해야 한다.

먼저 일에 대해 생각해 보자. 아직 퇴직 전이어서 현재 하는 일이 있다고 안심할 순 없다. 그 일을 언제까지 할 수 있는지 따져 보아야 한다. 100세 시대를 대비해 가능한 한 오래 할 수 있는 쪽이어야 한다. 만약 현재 하는 일이 그런 분야가 아니라면 언젠가의 변신을 위해 한 가지 정도는 제2의 직업을 준비해야 한다. 준비한다는 것은 그 분야에 대해 공부하고, 그 일을 하기 위한 예산을 계획해 보고, 자격증 제도가 있다면 미리 따 두기 위해 노력하는 것을 말한다.

퇴직에 닥쳐서 하면 늦다. 한 살이라도 더 젊은 시기에 준비해야 한다. 앞에서 말한 평균 퇴직 나이(남자 52세, 여자 47세)에 가까운 직장인이라면 적극적으로 인생 2모작을 계획해야 한다. 아무런 준비 없이 조기퇴직을 맞게 되면 거의 자영업을 하거나 금융 투자에 뛰어들 확률이 높다.

그래서는 실패자 대열에 이름 하나를 더하는 당신이 되기 쉽다. 반대로 같은 자영업이더라도 미리 그 분야에 대해 공부하고 관심을 가져 온 사람이라면 뭐가 달라도 다르지 않겠는가.

퇴직 후에는 더 이상 일하지 않고 쉬면서 살겠다는 이들도 있다. 주로 연금이 많이 나오는 교사나 공무원, 자산가 중에 이런 생각을 가진 사람이 많은 것 같다. 하지만 이는 권장할 만한 삶의 태도가 못 된다.

출퇴근시간을 포함해 하루 10시간 이상 할애하던 일을 그만두었을 때 텅 비게 된 그 여백을 무엇으로 채울 텐가. 굳이 돈을 벌 필요가 없다면 고정적으로 할 수 있는 자원봉사직도 좋다. 교사로 퇴직한 후 주민센터에서 운영하는 문화강좌에 나가 강의를 하는 사람을 봤다. 강사료는 미미하지만 평생의 경험을 이웃과 나눈다는 보람은 작지 않을 것이다.

시간 보내는 방법을 모르는 사람들

다음은 생활 쪽에 대한 이야기다.

먼저 갑자기 개인시간이 늘어난 사람들이 하루를 보내는 모습을 보자. 완전히 은퇴했든 조기퇴직 후 새 일을 찾기 전의 공백기에 있든 공통점은 시간을 어떻게 활용해야 할지 모르는 사람들이 너무 많다는 것이다.

아침부터 TV 앞에 앉아 있거나 이미 본 신문을 또 보거나, 하여튼 뚜렷이 하는 일 없이 무료하게 하루를 흘려보내는 사람들 이야기다. 왜 할 게 없는 것일까. 이유는 젊어서부터 여가를 활용하는 방법을 준비하지 않았고 계획된 삶이 아니라 그저 관성대로 살아왔기 때문이다.

그와는 반대로 평소 독서나 음악 감상 등 자신만의 취미를 가졌거나 여러 사람과 함께하는 봉사나 동호회 멤버로 활동했거나 했다면 그의 은퇴 후 삶은 다를 것이다. 지자체마다 잘 갖춰진 도서관이나 서점 나들이를 하고, 좋아하는 음악을 골라 듣고, 취미생활을 이어 가고, 사람들과 어울려 웃음이 만발하는 인생을 살고 있지 않을까.

이는 돈이 많고 적음과 크게 상관되지도 않는다. 경제적으로 궁핍하지 않음에도 무료하게 만년을 지내는 사람들이 있다. 도서관에 가서 책을 빌리거나 유튜브에서 음악을 찾아서 듣는 것은 돈이 들지도 않는다. 하지만 몸에 체화되지 않은 사람은 독서는 고사하고 주변에 도서관이 있는지조차 모른다.

차이는 자신의 삶을 관리하면서 나를 행복하게 하는 것들을 찾아 꾸준히 친해 온 사람과 그렇지 않은 사람이 있을 뿐이다.

당신이 젊다 해서 퇴직 이후의 삶을 먼 미래의 일이라고 단정하지 말기를 바란다. 꼭 100세 시대를 대비해서라기보다 워라밸은 항상 필요한 선택이기 때문이다. 기왕이면 젊은 시절부터 의미 있고 즐겁게 일과 여가의 균형을 이루고 그것을 습관으로 체화하는 게 좋다. 그래야 미래에도 그 습관이 이어져 행복한 나날을 보낼 수 있다.

제2장

워라밸을 가로막는 나라

일하고 또 일하는 한국인

'믿을 건 돈뿐'이라는 의식 강해

워라밸 바람이 옆에 와 있어도 우리나라 직장인들은 자신을 돌본다는 것에 대한 인식과 직접적인 시간 안배 면에서 실천으로 옮기지 못하는 상황이다. 여전히 일이 우선이고, 회사 또한 그런 분위기를 조성한다.

의무적으로 부여받는 연월차도 눈치 보며 써야 하거나 업무량을 감안하지 않은 채 일을 안기는 상사로 인해 힘들다는 직장인들이 적지 않다. "이거 내일까지 마쳐야 돼."라고 말하는 상사에게 그때마다 어떻게 대꾸하겠는가. 그러다 보니 일을 집으로 가져가는 말뿐인 퇴근을 하는 사람들도 있다. 또, 여름휴가는 고작 3일 남짓을 쓰는데 비슷한 시기에 몰리다 보니 거의 전쟁터 같은 휴가를 다녀와야 한다.

이렇게 회사에 충성을 다해 일해도 신분은 불안하기만 하다. 앞서 언급했듯 남녀 평균 퇴직 연령이 50세에 못 미치는 게 현실이다.

이런 환경에서 직장인들은 무얼 생각할까. 믿을 건 돈뿐이라는 인식이 마음에 스며드는 게 전혀 이상하지 않다. 투잡, 쓰리잡도 마다하지 않는다. 주 52시간 근무제로 여가가 많아지자 투잡족이 늘었다는 기사가 이를 대변한다. 소득이 많은 사람은 많은 대로 주식, 부동산 공동투자 등 수입 증대에 관심을 쏟는다.

주 52시간 근무제에 대한 반응도 입장에 따라 다르다. 시간제 임금을 받는 생산직, 비정규직 근로자들은 연장근무 수당이 줄어들 것을 걱정해 주 52시간 근무제에 반발하고 있다. 그들은 저녁이 있는 삶보다 돈이 있는 저녁을 원한다. 돈 없는 여가 확보가 무슨 소용이 있겠느냐는 식이다.

2018년 한국은행이 펴낸 <해외경제포커스>에 따르면 우리나라 근로자의 연간 평균 근로시간은 2,024시간으로, 경제협력개발기구(OECD) 평균인 1,759시간보다 약 265시간이 많았다. OECD 37개 회원국 중 우리보다 근로시간이 긴 나라는 멕시코와 코스타리카뿐이다.

주 52시간 근무제의 시행으로 평균 근로시간은 내려갈 것이다. 그러나 주 52시간 근무제의 단계별 시행에서도 5인 이하 사업장은 끝까지 예외로 되어 있다. 수많은 소규모 사업장 근로

자, 자영업자 등은 방치되는 것이다.

그렇다면 선진국 직장인들은 하루 몇 시간을 근무할까? 유럽국 직장인들의 보편적인 근무시간을 가정한 미니 에피소드를 만들어 보았다. 아마 아래처럼 하루를 지내지 않을까.

영국 런던의 중소기업에 다니는 M씨(32세)는 오전 8시 30분에 출근해 오후 5시 30분에 '칼퇴근'한다. 한 주 5일을 잡으면 주당 40시간을 근무하는 셈이다. 퇴근 후에는 아내와 요리를 하거나 아이들과 이야기를 나누는 데 시간을 쓴다.

스웨덴의 중견기업에 다니는 J씨(34세)는 오전 9시에 출근해 오후 4시에 퇴근한다. 점심시간을 제외하면 하루 6시간을 근무하는 셈이다. 짧게 근무하는 대신 잡다한 시간 없이 집중적으로 일한다. 운동을 좋아하는 J씨는 퇴근 후 피트니스 센터에서 몸을 다듬고 틈틈이 대회에도 나간다. 운동을 마치고 나면 역시 가족과 함께 대부분의 시간을 보낸다.

M씨와 J씨의 예를 보며 놀라는 사람도 있을 법하다. 특히 J씨의 하루 6시간 근무가 정말이냐고 물을지도 모르겠다. 하지만 다음처럼 선진국 직장인들의 주당 근무시간을 보면 하루 6시간 근무가 사실임을 알 수 있다.

세계 도시별 주당 근무시간(짧은 순위별)

순위	나라와 도시	주당 근무시간	순위	나라와 도시	주당 근무시간
1위	프랑스 – 파리	30.84시간	6위	이탈리아 – 밀라노	32.52시간
2위	프랑스 – 리옹	31.36시간	7위	덴마크 – 코펜하겐	32.64시간
3위	러시아 – 모스크바	31.66시간	8위	룩셈부르크	32.75시간
4위	핀란드 – 헬싱키	31.91시간	9위	리투아니아 – 빌뉴스	33.00시간
5위	오스트리아 – 비엔나	32.27시간	10위	벨기에 – 브리셀	33.02시간

(출처: 스위스 금융기업 UBS가 발표한 연평균 근로시간이 가장 적은 도시 10선)

표로 보는 바와 같이 선진국 직장인들의 근무시간은 주당 40시간을 넘지 않는다. 일본과 미국의 경우 법정 근로시간이 주 40시간이다. 선진국 직장인들의 근무시간 중 특이점은 독일인들의 근무 환경에서 찾을 수 있다.

경제협력개발기구(OECD) 자료에 따르면 연간 기준으로 근무시간이 가장 짧은 나라는 독일로 1,356시간이었다. 독일은 또 최소 4주 이상의 휴가를 법으로 보장하고 있다. 이어서 덴마크(1,408시간), 노르웨이(1,419시간), 네덜란드(1,433시간) 순으로 적게 일하는 것으로 조사되었다. 일본은 1,710시간, 미국은 1,780시간으로 나타났다.

선진국의 근무시간을 보면 마치 꿈나라 이야기처럼 들린다. 그들은 우리보다 짧은 시간 일하면서도 더 높은 수익을 낸다. 흔히 말하는 생산성의 극대화가 아니고서는 답할 수 없는 비교 치다. 비결이 뭘까? 높은 기술력, 효율적인 인력 관리, 충분한 여가를 활용한 재충전 등 여러 선순환적인 요소가 있을 것이다. 생활화된 워라밸도 그중 한 역할을 하지 않을까 싶다.

선진국의 주당 근무시간을 보면 우리나라가 개선책으로 내놓은 주 52시간 근무제도 초라해 보인다. 주 5일로 나누면 매일 9시에 일을 시작해서 얼추 저녁 7시 반까지 일해야 하는 게 주 52시간이다. 그걸 못해서 만든 강제 규정이니 그간 우리나라 근로자들이 얼마나 일에 파묻혀 있었는지 대번에 드러난다.

자영업자, 노령 근로자들의 현실은?

근로 실태를 이야기할 때 소외되는 영역이 있다. 바로 자영업 부문이다. 자영업자는 근로자가 아니므로 법정 근로시간 조사에서 빠져 있는 집단이다. 그러다 보니 자영업자들이 얼마나 과로에 시달리는지 진지하게 살펴봐 주지도 않는 것 같다.

우리나라 자영업자 수는 2019년 기준 약 570만 명으로 전체 취업 인구의 21%나 된다(통계청, 2019년 고용동향). 이는 미국 6.4%, 영국 15.4%, 일본 10.6%의 자영업 비율에 비해 매우 높은 수치다. 게다가 자영업자 중 70% 정도가 혼자 운영하는 영

세 사업자들이다. 자영업자를 돕는 무급가족 종사자(약 108만 명)까지 더하면 자영업 관련자 수는 더 올라간다.

자영업자가 많은 건 한국인이 사업을 선호해서라기보다 취업 시장이 불안한 이유가 제일 크다. 취업에 실패한 청년, 조기퇴직한 중장년층이 호구지책으로 자영업을 택하기 때문이다. 그 결과가 지금의 자영업 과포화를 만들었다.

그러다 보니 부작용이 속출할 수밖에 없다. 과당 경쟁에 따른 저매출과 70%를 웃도는 폐업률이 그런 모습이다. 자영업의 대표적인 업종인 편의점, 치킨집, 커피숍 등은 많아도 너무 많다. 뿐만 아니라 급격한 임대료 상승도 자영업자들을 위태롭게 한다.

최근의 최저임금 급상승 역시 종업원을 둔 자영업자들에게 큰 타격을 주었다. 그 여파로 종업원 수를 줄이고 업주 스스로 장시간 근무를 택하는 점포가 늘고 있다. 실제로 2018년 중소기업중앙회가 소상공인을 비롯한 자영업자 300명을 대상으로 조사한 결과, 근무시간이 전년보다 늘었다는 자영업자가 26%에 달했다.

자영업자의 소득은 임금근로자 평균의 50~60%에 그치는 것으로 조사되었다. 즉, 저소득 장시간 노동에 시달리고 있는 것이 오늘날 우리나라 자영업자들의 민낯이다. 자영업자들이야말로 워크홀릭의 희생자들이다.

한국은 노인층의 노동 상황도 매우 열악하다. 노후자금이 없어서 일을 떠나지 못하는 생계형 노인근로자라는 사실이 무엇보다 문제다. 우리나라 노인빈곤율이 경제협력개발기구(OECD) 국가 중 1위로 최악인 것은 이미 잘 알려져 있다. 노인빈곤율이란 65세 이상 노인 가운데 전체 국민 중위소득의 50% 미만 소득으로 생계를 꾸려 가는 비율이다.

OECD 통계에 나온 우리나라 노인빈곤율은 가히 충격적이다. 49.6%로 OECD 가입국 평균(12.8%)보다 3배 이상 높다. 우리나라는 자살률이 높기로 유명한데 그 배경이 노인자살률이 높기 때문이라 한다. 65세 이상 노인 자살률로만 놓고 보면 OECD 국가 중 압도적 1위다.

우리나라 노인들이 이처럼 어려운 상황에 처한 것은 가족 부양을 우선하다가 노후 준비를 못한 점, 미흡한 노인복지제도 등 여러 원인이 있지만 노년층의 노동시장이 열악한 것도 한몫한다. 통계청에 따르면 60세 이상 국민의 고용률은 40%에 불과하다. 원래 하던 일의 전문성을 살리는 건 고사하고 일자리 자체가 부족하다 보니 대부분 단순 노무직이다.

서울시청 산하 서울연구원에서 조사한, '일하는 서울 노인의 특성과 정책 방향'이라는 리포트가 있다. 서울에 사는 만 65세 이상 일하는 노인 1,000명을 조사한 결과 노인근로자의 85.4%가 경비와 청소, 가사도우미, 운전직 등에 종사하고 있었다.

같은 조사에서 노인근로자들의 하루 평균 근로시간은 12.9시간이나 되었다. 그러면서 시간당 임금은 최저임금을 겨우 좇아가는 수준이었다.

>>> 물질만능주의와 경쟁이 워라밸과 멀어지게 한다

남들보다 잘살아야 한다!

우리나라 사람들은 '남들보다 잘살아야 한다'는 강박관념이 크다. 그 의식의 표출은 자녀에 대한 선행 학습으로 시작된다. 그리고 입시 경쟁, 좋은 대학, 대기업 선호 등으로 경쟁은 가속화된다. 그 결과물인 좋은 차, 넓은 아파트, 명품에 대한 동경 등은 현대 한국인의 욕망을 적나라하게 보여 주는 단면이다.

이런 상황에서는 경쟁만 난무할 뿐 워라밸이 자리 잡을 틈이 없다. 한국에서는 어쩔 수 없는 부분이라 할 수도 있겠지만 그런 생각이야말로 머릿속에서부터 워라밸이 멀어지게 하는 요인이 아닐까.

시장조사전문기업 '엠브레인 트렌드 모니터'가 전국 만 19~59세 직장인 남녀 1,000명을 대상으로 실시한 '워라밸에 대한 인식 조사'가 있다.

이 조사에서 한국인의 삶이 워라밸에 가깝다고 생각하는가, 라는 질문에 9.5%만이 그렇다, 라고 대답했다. 나머지 88.4% 는 한국인들이 워라밸과는 거리가 먼 삶을 살고 있다고 답했다. 왜 한국인들은 이토록 워라밸과 거리가 멀까? 그 이유에 대한 답을 좀 더 따라가 보자.

▲ 한국인이 워라밸과 거리가 먼 이유

- 지나치게 일에 매몰되어 살기 때문이다: 87%

- 우리나라만큼 일을 많이 하는 국가도 없는 것 같다: 82.3%

▲ 업무가 개인의 삶에 미치는 영향

- 일을 오래 한다고 업무 효율이 좋은 것은 아니다: 96.6%

- 우리나라는 임금 수준에 비해 노동시간이 과하다: 84.8%

- 근무시간이 길수록 행복을 느낄 마음의 여유가 없다: 80.1%

근무시간 단축제를 전제로 한 워라밸의 전망에 대해서도 부정적 답변이 많았다.

▲ 근로시간 단축으로 여가가 확보될 때의 워라밸

- 부정적이다. 워라밸도 결국 돈이 있어야 누릴 수 있는 것이기 때문

에: 78.7%

- 임금 및 소득 수준이 올라가지 않으면 워라밸을 이루기 어렵다:
  76.1%

이 설문에서 워라밸을 방해하는 가장 큰 요소로 일, 돈 문제 등이 등장한다. 일도 결국은 회사의 실적 향상을 위한 행위임을 감안하면 전체적으로 '물질만능주의'로 볼 수 있다. 돈이 없으면 워라밸도 없다는 극단적 사고가 느껴진다.

이런 경향은 '워라밸도 결국 돈이 있어야 누릴 수 있는 것이다'(78.7%), '소득 수준이 올라가지 않으면 워라밸을 이루기가 어렵다'(76.1%) 등의 대답에서 여실히 드러난다. 아무리 여가 확보라는 1차적인 문제가 해결되더라도 더 중요한 경제적 충족이라는 2차 문제가 해결되지 않으면 워라밸이 힘들다고 느끼는 것이다.

어찌 보면 공감이 가는 대목이다. 돈 없이 어떻게 여가를 즐길 수 있겠는가. 오늘날 우리 사회는 돈이 있어야 무언가를 할 수 있다는 생각이 지배적이다. 근교 캠핑을 가도 고가의 장비를 바리바리 싣고 가고, 낚시도 챙길 도구가 만만찮다. 그 외 골프, 자전거, 스키 역시 수백 만 원짜리 장비가 스스럼없이 팔린다. 돈이 들지 않는 여가는 방콕, 집콕 외에 대안이 보이지 않는 사회다.

외국인들이 우리나라에 오면 놀라는 게 있다. 바로 수많은 아웃도어들의 행렬이다. 1,000m도 안 되는 산을 오르면서 전문가용 아웃도어 복장과 브랜드가 찍힌 배낭, 등산화 등을 갖춘 사람들로 즐비하다.

오늘날 우리 사회는 절대적으로 돈을 요구한다. 집과 자동차가 기본 목표가 되고 명품은 없어서 못 판다. 아이들은 브랜드 운동화, 브랜드 가방이 아니면 친구들에게 놀림 받는다. 과정이 어떻든 '돈'이 모두가 존중하는 대상으로 우뚝 섰다. 이른바 산업화 과정에서 급속한 자본주의 유입이 불러온 물질만능 현상의 발로다.

워라밸을 가로막는 경쟁주의

물질만능주의는 우리 사회의 얼굴을 송두리째 바꿔 놓았다. 과거 우리네 부모들은 자식들에게 '사회에서 훌륭한 사람이 되라'고 가르쳤다. 하지만 지금의 부모들은 성공지상주의를 가르친다. 그래서 좋은 학교, 좋은 직장을 부추긴다. 그래야 자본주의의 궁극적 목적인 돈을 잘 벌고 사회적으로도 인정받으며 살 수 있다고 기대하기 때문이다.

물질만능주의는 IMF 외환위기 시기를 지나면서 또 다른 얼굴을 드러냈다. 그것은 기업들의 구조 개혁의 결과로 나타난 '성과주의'다. 더 이상 포지션 리더십이 아닌 성과 위주, 능력 위주 리더십에 기대겠다는 패러다임의 전환이다. 연공서열보다 능력에 따라 대우하는 연봉제 개념이 이때 도입되었다.

물질만능주의에 성과주의까지 더해진 우리 사회는 사람에 대한 평가도 돈으로 환산하게 되었다. 사람의 가치가 어떤 대학을 나와 어떤 직장에 들어가고 연봉이 얼마인지로 규정된 지 오래다.

경쟁의 마력이 더욱 무서운 건 소수의 사람만 승자로 남긴다는 점 때문이다. 교과서에서는 다수의 행복이 좋은 사회라고 배웠는데 현실은 다수가 불행에 빠지는 구조로 가고 있다. 경쟁이란 소수만 살아남고 다수가 도태되는, 역구조의 모순을 일으키는 시스템이다.

지금 불고 있는 워라밸에 대한 관심은 어찌 보면 이 물질만능주의와 경쟁 사회가 피워 올린 희망의 불꽃이다. 더 이상 그렇게 살아서는 행복해지기 힘들다는 내면의 압력으로 등장한 변화의 깃발이다. 워라밸 바람을 맞아들이려면 먼저 우리 사회에 팽배한 물질만능주의에 대한 재정립이 필요하다.

서양 속담에 '가난이 문을 밀고 들어오면 행복이 창을 열고 나간다'는 말이 있다. 지나친 궁핍을 경계하는 말이지만 행복이 돈의 두께에 비례하는 건 아니라는 속뜻도 보인다.

돈 때문에 싸우는 부부가 호텔 식당에 가서 먹는 근사한 스테이크보다 다정한 부부의 동네 삼겹살 외식이 더 행복할 수 있다. 기본적인 경제가 해결된 후에는 물질이 행복의 전부가 아니란 걸 경험으로 다들 알지 않는가. 아는 만큼 진정으로 지혜로워질 필요가 있다.

워라밸은 물질만능주의를 경계한다. 이는 선진국 시민들이 우리처럼 돈의 가치를 절대적 우위에 두지 않는 것으로 증명할 수 있다. 우리 삶의 가치는 돈만으로 이야기할 수 없다. 돈보다 중요한 삶의 가치와 의미가 있다. 워라밸은 그것을 찾기 위한 마중물이다.

워라밸을 통해 우리는 비로소 돈보다 더 소중한 삶의 여러 부분들을 발견할 수 있다. 이것은 이미 선진국 사회에서 증명된 사실이다.

멀쩡한 대학 나와 입사하면
바보 만드는 회사

너는 하나의 부품일 뿐이다

다음 에피소드의 의미를 살펴보자. 실제로 목격했던 이야기다.

S대 국문학과를 나온 P씨(27세)는 한 출판사에 입사했다. 평소 책을 좋아했던 P씨는 출판계의 보수가 낮은 줄 알면서도 소신껏 미래를 선택했다. 어쨌건 출판사에 S대 출신은 좀 귀한 편이어서 입사할 때부터 직원들의 주목을 받았다. 명문대 출신이니 뭐라도 다른 게 있을 거야… 하며 이곳저곳에서 쑥덕거렸다.

그렇게 몇 달이 지났을 때 뜻밖의 장면이 펼쳐졌다. 갑자기 사무실의 적막을 깨는 고성이 터져 나왔다. 고성의 대상은 P씨였다. 부서장이 P씨가 만든 신간 기획을 놓고 이야기를 나누다가 갑자기 언성을 높인 것이다.

처음에는 고분고분 듣고 있던 P씨의 꼭지를 돌게 한 건 "일류대학 나온 놈이 일을 이따위로 하냐."라는 상사의 폭언이었다. 그 말에 P씨가 참지 못하고 대꾸를 하자 부서장이 더 크게 터진 것. 결국 P씨는 그 길로 짐을 싸 사무실을 박차고 나가 버렸다.

일부 회사의 일이라 치부하고 싶지만 위처럼 고압적으로 부하를 대하거나 심지어 사생활까지 간섭하는 상사는 차고 넘친다. 그 상사가 나빠서라기보다 선배한테서 배우고 당한 과정을 자신도 모르는 사이에 후배에게 대물림하고 있는 것이다.

간단한 보고도 반드시 문서로 받으려는 상사는 또 어떤가. 직급 단계별 보고가 예사인 회사도 적지 않다. 자유분방한 요즘 신입들에게는 고리타분한 시간 낭비로 비쳐질 수밖에 없다.

어떤 상사는 윗사람의 지시를 정확히 이해하지 못한 상태에서 부하에게 업무를 지시한다. 윗사람에게는 충직한지 몰라도 무책임한 행태다. 그러다 보면 부하에게 과제가 제대로 전달되지 않아 헛수고의 결과물이 나올 수도 있지만 이런 상사는 그 책임까지 부하에게 떠넘긴다.

위의 사례들과 비슷한 환경에 놓이거나 경험한 적이 있는 사람들은 공감이 갈 것이다.

요즘 신입사원들은 최고의 스펙을 갖추고 회사에 들어간다. 어려운 관문을 뚫은 만큼 의욕도 높다. 하지만 비합리적이고 권위적인 직장문화와 만나면서 무력감부터 맛보게 된다. 처음엔 조금 저항해 보지만 곧 포기하게 된다. 그리고 거대한 기계장치 속에서 아무 생각 없이 돌아가는 부품처럼 동화되어 간다. 경직된 직장 환경에 세뇌되어 바보가 되어 가는 꼴이다.

재미있는 것은 퇴근 후 술자리에서 펼쳐지는 풍경이다. 회사 내의 불합리한 점, 비효율적인 면들을 꼬치꼬치 캐내는데 화통하다. 하지만 다음 날 출근하면 그들은 다시 원래대로 되돌아간다. 아마도 '사람은 환경에 적응하는 동물'이기에 일어나는 현상일지도 모른다.

이런 환경이라면 일류대학이 아니라 그 이상의 박사를 받아도 벗어나기 힘들 거란 생각이 든다. 바보가 되지 않으려면 불합리한 환경을 박차고 나오는 수밖에 없다. 그런 면에서 P씨는 모순된 직장 환경의 희생양이 된 셈이다.

열심히 일하지만 똑똑하게 일하진 않는다!

우리나라 직장생활의 비애는 '신입사원 연수교육'부터 시작된다는 말이 있다. 실제 리쿠르트의 조사에 의하면 연수원 교육 후 퇴사를 생각했거나 실제로 퇴사했는지에 대한 질문에 무려 34%가 '그렇다'라고 응답한 결과가 나왔다. 도대체 신입사원 연수교육에서 무슨 일이 일어나기에 어렵게 들어간 직장을 그만둘 생각까지 했을까?

제일 큰 이유로는 '나랑은 맞지 않을 것 같은 기업문화를 확인했기 때문(26%)'이라는 답이 꼽혔다. 응답자들은 신입사원 연수교육에서 마치 군대에 다시 간 듯한 느낌을 받았다고 했다. 구체적으로는 군대를 방불케 하는 꽉 짜인 일정과 집체교육, 극기훈련, 취침 전 점호 및 벌칙 등을 예로 들었다.

신입들을 질리게 하는 요소는 그것만이 아니었다. 금융상품 가입 권유, 기업에 대한 맹목적 충성 세뇌교육, 상사의 폭언, 반말과 욕설 등과 같은 갑질을 경험했다는 사람이 30%나 되었다.

연수교육을 마치고 실전에 배치되면 맥 빠지게 하는 일들은 또 있다. 무슨 큰일이라도 할 줄 알았건만 하는 일이라곤 보고서 등 문서 만들기와 복사 등 단순 업무이기 다반사다. 이것 하려고 힘들게 대학 다녔나, 하는 자괴감이 피어오른다. 퇴근시간이 되어 자리에서 일어나려 하면 부서장이나 고참이 '윗사람들이 아직 일하는데' 하는 표정으로 쳐다본다. 애사심도 없는 놈 취급하면서. 억울하지만 꾹 참고 다시 자리에 앉을 수밖에 없다.

중은 제 머리를 못 깎는 법이다. 이미 틀어진 직장문화 속에 있다 보면 스스로는 자신들의 오류를 알지 못한다. 하지만 제3자의 눈에는 비정상이 금방 도드라져 보이나 보다. 우리나라 직장인들의 문제를 가장 적나라하게 볼 수 있는 사람은 외국인 직원들이다.

한국에 와서 일하는 미국인 Q씨(31세)는 퇴근시간이 되자 하던 일을 정리하고 자리에서 일어나려 했다. 하지만 주변 분위기가 심상치 않았다. 아무도 퇴근하지 않고 있는 것이다. Q씨는 시계를 잘못 봤나 싶어 다시 시간을 확인했다. 분명 6시로 퇴근시간이 맞다.

혹시나 싶어 옆 동료에게 오늘 남은 일이 있느냐고 물었다. 그러자 동료는 고개를 가로젓는 것으로 아니라는 뜻을 밝힌다. 그러면서 상사를 가리키는 눈짓을 한다. Q씨는 이해할 수 없다는 듯 고개를 살래살래 흔들며 자기 혼자 사무실 문을 나섰다.

위는 비단 미국인 Q씨에게만 해당되는 에피소드가 아니다. 한국에서 일하는 대부분의 외국인들이 하는 이야기다. 이 때문에 외국인 직원들은 한국의 야근자들을 'desk warming(책상 데우기)'이라고 비꼰다. 일도 없으면서 애꿎은 책상만 데우고 있다는 뜻에서 나온 비속어다.

내 얼굴의 티가 상대 눈에 잘 보이듯 우리의 직장 문제도 외국인 직원들의 눈에 더 잘 비칠 수 있다. 다음은 외국인 직원들이 블로그나 구직 사이트 등에 한국의 직장문화에 대해서 쓴 글의 일부를 모은 것이다.

• 한국, 열심히 일하지만 똑똑하게 일하지는 않는다!
• 한국 기업은 위아래 사람들 간의 상명하달식 의사소통과

엄격함으로 악명 높다.

- 한국 직장인들은 마치 좀비처럼 아무 생각 없이 회사를 떠도는 것 같다.
- 한국 직장인들은 술을 많이 마시고 주말에 일하는 등 아직도 1980년대의 뒤떨어진 문화를 고수하고 있다.
- 한국인은 불만을 말하지 않는다. 일하는 내내 감옥에 갇혀 있다는 느낌이 들었다.

모든 직장이 그렇다는 건 아니지만 반박할 말도 별로 없어 보인다. 여전히 기업에 잔존하는 상명하복식 군대문화, 경직된 상하관계, 효율적이지 못한 시간 관리, 겉으로만 열심히 일하는 척 보이려는 체면문화 등이 비판받는 요소들이다.

한국의 기업문화에도 변화가 일어나고 있기는 하다. 정시 퇴근을 강제적으로 시행하는 회사, 종이 문서를 전자 문서로 바꾼 회사, 회사 내에서의 호칭을 직급이 아니라 이름에 '님'자를 붙이는 것으로 통일시킨 회사, 일과 생활의 균형을 이루는 것이 생산성에 더 도움이 된다며 관련 시스템을 개발하는 회사 등이 그런 움직임이다.

좋은 대학을 나와도 기업에 들어오기만 하면 바보 만드는 직장문화는 반드시 고쳐져야 한다. 워라밸이 추구하는 직장문화는 개인의 의사를 존중하는 수평적 문화, 소통하는 문화다.

워라밸은 사적 생활만을 위한 것이 아니기에 회사 일도 즐겁게 할 수 있어야 한다. 일터는 하루 8시간 이상을 머무는 중요한 공간이다. 단순히 돈을 버는 것을 넘어 사회를 배우고 관계를 터득해 가는 곳이기도 하다. 그런 만큼 가정 못지않게 중요한 곳이 일터다.

그렇게 소중한 공간이 개인 희생, 권위, 인격 무시로 얼룩진다면 어떤 이유로도 정당화될 수 없다. 워라밸로 가는 길에는 개인을 존중하지 않는 직장문화도 걸림돌이다.

획일화, 연줄문화 속에
내가 설 자리가 너무 좁다

돈보다 사람이 싫어서 떠난다

취업포털 잡코리아는 2019년 상반기의 직장인 이직률을 조사했다. 전체 응답자 1,360명 가운데 32%인 435명이 반년 사이에 직장을 옮긴 것으로 나타났다. 특히 30대 직장인의 이직률(34.3%)이 가장 높았고, 20대(28.4%)와 40대 이상(27.8%)이 뒤를 이었다.

직장인들은 왜 이렇게 이직을 많이 하는 걸까. 이직이 급여 인상 기회가 되는 경우가 많으니 연봉도 중요 요소일 것이다. 하지만 설문 응답자들은 이직 효과로 '적절한 업무량과 업무 강도'(23.0%)를 가장 많이 꼽았다. 그다음으로는 '연봉 조건'과 '일을 하면서 배울 점이 많다'라는 응답이 똑같이 22.1%였다.

이를 종합하면 업무 환경(업무량, 배울 점 등)이 연봉보다 두 배

가깝게 이직 사유가 되고 있는 모습이다. 직장인들이 흔히 하는 얘기가 있다. "회사 분위기가 마음에 들지 않아서 옮기고 싶다.", "돈보다 사람이 싫어서 떠난다." 이는 돈이 아니라 일하는 여건과 관계되는 얘기다.

한 신문에서는 이를 '직장 탈출'로 표현했다. '직원을 비용으로 여기고, 인색하며, 인간 존중이 약하고, 실적과 주가 동향에만 관심을 쏟는 회사와 경영자에게 넌더리가 났다는 것.'(<중앙 SUNDAY> 2019. 9. 27). 이는 특정 기업만의 얘기가 아니다. 이직률이 높고 업계에서 '경력자 사관학교'로 불리는 회사라면 대부분 해당될 얘기다.

집안마다 가풍이 있듯 어느 회사든 그 회사만의 사풍(社風)이 있다. 여기에 가장 큰 영향을 미치는 요소는 최고경영자의 스타일일 것이고, 전체적으로는 한국 사회 특유의 서열의식, 학연·지연·라인 등 연대의식이 자리한다.

먼저 최고경영자의 영향력은 밖에서 보는 것 이상으로 막강하다. 구성원들의 생사여탈권을 쥐고 있기도 하지만 그 힘은 아랫사람들의 합리적, 객관적 의견을 넘어설 때도 많다. 특히 권위적인 최고경영자가 있는 기업일수록 보스 중심적인 경향이 크다.

그런 회사에서는 간부들도 자신의 목소리를 내기가 쉽지 않다. 서열의식이 강한 한국에서는 사실 최고경영자가 권위적이지 않아도 아랫사람 입장에서는 조심스럽다. 그런 탓에 간부들이 적극적으로 'NO'라고 말하지 못할 때가 많다.

이런 환경은 최고경영자에게도 해가 된다. 자신의 판단이 옳은 걸로 착각에 빠지게 하기 쉽기 때문이다. 최고경영자로서의 책임감과 그 업계에서의 오랜 경험으로 큰 문제없이 경영은 해나갈지 몰라도 그런 회사에서는 혁신이 일어나기 어렵다. 최고경영자가 젊거나 2세 경영자인 경우에는 독단적인 경영을 펼치다가 회사가 망하기까지 한다.

영향력이 센 최고경영자 아래의 간부들도 굳이 모험을 할 이유가 없다. 또, 서열의식이 강한 한국에서는 정도의 차이는 있지만 간부들은 간부들대로 그 부서의 보스로서 권력을 행사한다. 이렇게 보면 한국의 직장은 군대만 없다뿐이지 왕국이고 그 아래 소왕국이 유닛을 이루는 모습이 많다. 비유가 심하다고 할지 모르나 왕국 이상의 회사도 여럿 봤다.

그러는 동안 좋은 점은 좋은 대로 나쁜 점은 나쁜 대로 그 회사만의 방식으로 고착화되어 내려온다. 획일화가 굳어지는 원리 중 하나다. 신입이 들어와도 그 회사만의 방식에 맞추어져야 한다. 튀면 외톨이가 되거나 이직하거나 둘 중 하나일 텐데 어찌 다른 나무로 자랄 수 있겠는가.

R씨(36세)는 A의류회사에서 수석 디자이너로 일한다. 최근 경쟁 기

업인 B사가 획기적인 스타일의 디자인을 내놓아 고객들의 마음을 빼앗아 갔다. 이에 A사의 사장이 노발대발했다. 도대체 우리는 왜 이런 디자인이 나오지 않느냐면서! 곧 디자인실에 비상이 걸렸다.

R씨는 팀원들과 함께 고객 성향을 재분석하고 몇 번의 시안을 거쳐 B사에 견줄 만한 새 디자인을 탄생시켰다. 디자인 실장도 만족해하는 표정이었다. 드디어 사장에게 결재가 올라갔다. 그러나 모든 기대는 무너지고 말았다. 사장이 디자인에 손을 대기 시작한 것이다. 사장은 이미 옛날 디자인에 인이 박인 사람이었다. 그 기준으로 디자인을 고치니 R씨가 고생 끝에 만든 디자인이 도루묵이 될 판이었다.

R씨의 복장이 터지는 건 그런 사장의 행동을 아무도 제지하지 못하는 것이었다. 전무도 디자인 실장도 처음에는 좋다 해 놓고 돌연 사장의 의견도 일리가 있다면서 딴청을 피웠다. 결국 R씨는 디자인을 수정할 수밖에 없었다.

지인이 직장생활을 하며 실제 겪었던 이야기다. 오늘날 우리나라의 수직적, 획일적 기업문화는 워라밸을 해치는 저해 요인으로 손꼽힌다.

우리나라는 산업발전 과정에서 군사문화를 겪었기 때문에 군대가 먼저 발달한 측면이 있다. 군대의 여러 가지 행정 양식이 그대로 기업에 넘어오기도 했을 정도다. 그래서 기업에도 군대문화가 스며든 측면이 있다. 하지만 스마트 시대를 지나고 있는 지금, 아직까지 기업에 군대문화가 남아 있다는 건 아이러니가 아닐 수 없다.

상명하복 수직적 문화의 가장 큰 폐해는 자유로운 의견 개진이 막히는 데 있다. 아랫사람의 의견보다 윗사람의 생각이 회사의 법이 되어 버리기 일쑤다. 예컨대 '우리 회사에서 이건 원래 이랬어. 그러니 그냥 똑같이 해' 같은 암묵적인 룰이 회사마다 있다. 이런 상태라면 일의 보람도 만족감도 찾을 수 없다.

그런데다 상명하복식의 문화는 곧잘 상사의 갑질도 동반한다.

실제 취업포털 인크루트에서 시행한, 2018년 직장인 898명을 대상으로 한 '갑질 상사'에 대한 설문조사에서 무려 97%가 갑질을 당한 경험이 있다고 답했다. 갑질의 유형으로는 사무실에서 사적인 일 시키기, 사생활 간섭하기, 마음에 안 들면 일 안 주기, 전체 사원 모아 놓고 일장 연설하기 등이 있었다.

직장생활 자체만으로도 힘든데 갑질까지 당한다면 행복한 직장이 될 리 만무하다. 상명하복식 획일적 직장문화에서는 내 의견을 피력할 수 없다. 뿐만 아니라 꼰대 상사의 갑질까지 겪어야 하는 구조이므로 워라밸이 추구하는 환경과는 거리가 멀다.

인맥, 학벌문화의 폐해

연대의식은 개인이 존중되지 않는 기업문화에서 자라는 적폐인 것 같다. 개인이 약할수록 기댈 것은 집단이 될 수밖에 없지 않겠는가. 어찌 보면 자기보호본능일 수 있다. 그러자니 학연이든 지연이든 뭐라도 비슷한 것을 찾아 뭉치게 된다. 서로 의지가 되고 어떤 문제가 생겼을 때는 집단의 힘으로 대응할 수도 있으니까.

연대는 같은 학교, 같은 지역 출신 등 연고가 닿는 선배가 후배를 당겨서 친목하듯 자연스레 이루어지기도 하지만 회사에 따라서는 공공연히 소문이 나 있는 경우도 있다.

S씨(27세)는 지방대 출신이지만 대기업 연구소에 취직해 모두의 부러움을 한 몸에 받았다. 시골 촌놈이 으리으리한 빌딩의 문을 열고 들어설 때는 뿌듯한 자부심에 전율이 느껴질 정도였다. 하지만 몇 달이 안 되어 S씨는 기가 팍 죽어야 했다. 마치 자신이 들어갈 수 없는 거대한 울타리가 쳐진 것 같았다.

특정 대학 출신들끼리, 특정 간부를 중심으로 한 라인끼리 등 은근히 편짜기가 심했기 때문이다. 새로운 프로젝트가 나왔을 때 팀장이 멤버를 지명해도 매번 그 얼굴이 그 얼굴이었다. S씨는 멤버가 부족할 때 가끔 말번으로 끼는 정도였다.

S씨는 이건 아닌데, 라는 느낌을 지우지 못한 채 겉도는 시간이 이어졌다. 그렇게 1년이 지났을 때 S씨는 더 이상 연구소에서 견디기가 어려웠다. '어떻게 들어간 직장인데'라며 어머니가 성화였지만, 결국 사표를 던지고 말았다.

학벌문화는 명문대, 같은 학교 출신끼리라는 형태로 유독 도 드라진다. 그 라인에 든 멤버라면 인간성이나 능력에 상관없이 대접을 받는다. 그 범주 밖의 사람은 유능해도 웬만해서는 인사이드에 들 수 없다. 덕분에 한국 사회에서 명문대 졸업장은 잘 드는 무기 하나를 들고 경쟁에 나서는 것이나 진배없다.

학벌문화는 IMF 이후 성과주의가 보편화되며 그 허실을 드러냈다. 이전까지는 학벌이 곧 능력 있는 인재의 대명사인 줄 알았다. 하지만 더 이상 학벌이 성과와 비례하지 않는다는 사실이 하나둘 드러나면서 문제점이 제기되기 시작했다.

그럼에도 불구하고 한국 사회에서 학벌, 학연주의는 여전히 견고하다. 창조적 사고가 요구되는 4차 산업혁명 시대와는 더더욱 어울리지 않는다. 학벌주의는 직원 개인에 대한 공정한 평가와 인격 존중이 전제되어야 할 워라밸과도 거리가 멀다.

특정 간부를 중심으로 줄을 서는 라인문화도 심각하다. 실제로 고위 간부 중 누가 총괄책임자(본부장 등)로 승진하느냐에 따라 그 계열의 사람들이 요직 라인에 줄줄이 기용되고 승진에서 누락된 간부 계열은 한직으로 밀리는 게 흔한 일이다. 이래서야 어찌 공정하게 개인의 실력이 발휘되겠는가.

이런 환경에서는 젊은 직원들도 싫든 좋든 차츰 어느 한쪽에 줄을 서는 게 인지상정이다. 대신 그 라인의 질서에 맞춰야 하는 만큼 개인의 의지는 흐려지게 될 것이다.

연줄문화가 싫다면 외면할 수도 있겠지만 그 또한 쉬운 선택은 아닐 것 같다. 줄을 잘 서면 절반의 보험이라도 드는 것이지만 외톨이로 남으면 기회조차 얻지 못할 수 있는 게 연대이기 때문이다. 이런 풍조에서 무슨 워라밸이 자랄 수 있겠는가.

단체나 회사에서의 워라밸은 자애주의의 보장을 전제로 한다. 개인을 존중하지 않는 획일화, 연줄문화는 자애주의를 이기주의로 매도하기까지 한다. 전체라는 이름으로.

우리나라의 직장에 워라밸이 정착되려면 연대문화부터 청산되어야 한다. 그러자면 경영자부터 직원의 정신적 독립성을 인정하는 열린 마음을 가져야 할 것이다. 위로부터의 혁신은 속도가 더 빠른 법이니까.

모난 돌이 되지 말라고
가르치는 사람들

발목잡이들이 너무 많다

직장 내에 워라밸 환경이 구축되기 위해서는 업무의 효율성
이 중요하다. 그래야 시간당 생산성이 높아져 개인시간을 더 살
뜰히 얻을 수 있다. 그 기본은 자유로운 의사 개진을 통한 소통
과 혁신에서 시작될 것이다.

하지만 우리나라 직장에서는 이를 가로막는 요소들이 즐비하
다. 직장 내의 발목잡이도 그중 하나다. 새로운 발상으로 튀는
직원을 이상한 방법으로 방해하거나 뭉개 버리는 사람들이 있
다. 변화를 두려워하는 사람들이다.

가장 비근한 예는 회의 모습이다. 회의를 하는 이유는 구성원
간의 대화를 통해 최상의 결론을 얻기 위해서다. 그런데 회의가
상사의 일방적 의사전달 또는 맹탕 결론으로 흐르는 때가 많다.

일방적 의사전달은 회의는 열지만 끝에 가선 회사의 방침 통보나 상사의 지시로 끝나는 경우다. 부하직원이 의욕적으로 아이디어를 내도 상사가 "당신 제안대로 된다고 어떻게 장담하지?"라며 핀잔을 주고 무시해 버린다. 부하직원도 사람인 바 이런 일을 몇 번 겪고 나면 적극적인 의사 개진을 사리게 될 것이다.

맹탕 결론은 회의를 주재하는 상사가 지나치게 우유부단해서 생기는 일이다. 모험하기 싫어하는 상사는 부하직원의 획기적인 아이디어를 받아들이지 못한다. 그러니 결국 모아지는 아이디어란 게 어중간하기 일쑤다.

변화를 두려워하는 사람들은 업무 시스템이든 프로젝트든 현재의 방식에 결정적인 문제가 없다면 혁신을 받아들이지 않으려 한다. 새로운 방식이 실적을 올리는 데 유리해 보여도 만에 하나 따를지 모를 부작용을 우려해 결국은 기존 관행을 고수하려 든다.

나아가 변화적인 안건을 자주 내는 직원을 싫어하기까지 한다. 자신을 불편하게 하는 녀석이기 때문이다. 그들은 대응 방식도 비슷하다. "자네가 아직 이 업계를 잘 몰라서 그런데…", "그렇게 쉬울 것 같으면 난 누워서 돈 벌겠다.", "그런 생각으로 시간 낭비하지 말고 실적 관리나 잘해." 경험을 내세우거나 모욕을 주어서 눌러 버린다. 튀지 말라는 거다.

반대를 위한 반대를 하는 사람들도 벽이 된다. 누가 의견을 내면 특정 부분을 꼬집으며 습관적으로 반대한다. 대안을 말하면 또 흠집을 내고. 세상에 완벽한 제안이 어디 있나. 아이디어가 괜찮다면 예상되는 리스크를 보완해 가며 시행에 들어갈 수도 있는 게 도전이다. 하지만 비판자들은 남에게 기회가 돌아가는 걸 인정하지 않는다. 경쟁하기보다는 발목을 잡아서라도 키를 맞추려는 사람들이다.

이런 분위기가 지속되면 구성원들은 더 이상 좋은 아이디어를 내지 않게 되고 기존의 관행을 이어 가게 된다. 경영 상태가 나쁘지 않은 회사라면 그나마 다행이겠지만 무난하다가 망한 회사들 참 많다는 것도 알아 두면 좋겠다.

개성보다는 전체가 중요하다고?

요즘 젊은 직원들의 가장 큰 특징은 개인주의. 직장의 공적인 일 못지않게 자아를 중시한다. 그렇다고 공과 사를 구분하지 못한다는 건 아니다. 공적이든 사적이든 자신의 생각을 표현하고 싶어 한다. 업무 외에는 동료와의 사이에 자신만의 선을 가져서 멀지도 가깝지도 않게 지내기도 있다.

이런 행동이 중년의 상사들의 눈에는 거슬린다. 상사의 업무 지시여도 생각이 다르면 반박한다든가 회식도 개인 약속이 있으면 빠져 버리는 것 등이 그런 예다.

조직을 우선시하는 상사, 사생활을 우선시하는 젊은 직원 모두 할 말은 있겠다. 그래 봐야 결과는 거의 정해져 있다. 직급의 차이를 넘어 수평적 관계가 자연스러운 서구와 달리 수직적 서열의식이 강한 한국에서 아랫사람이 윗사람을 이기는 예는 드물다.

여기서 많은 문제가 파생한다. 일을 위한 정당한 논쟁도 아랫사람은 끝까지 밀고 가기가 부담스럽다. 심지어 논쟁의 본질을 벗어나 인격적 피해자가 되기도 한다. 건방지다, 무례하다 같은 태도 지적으로 번지는 것이 그런 예다.

K씨(34세)는 사보대행사인 N미디어에 경력 에디터로 입사했다. 기업체 사보 10여 종을 외주 제작하는 N미니어의 최대 고객사는 A증권사였다. 매월 사보 5만 부를 인쇄해 투자자들에게 배포하는 A증권사는 N미디어에 연간 10억 원 이상의 매출을 발생시키는 고객사였다.

N미디어는 글쓰기와 편집 기획 능력이 뛰어난 K씨를 A증권 사보의 새 담당자로 기용했다. 입사 몇 개월이 지났을 때, K씨는 A증권사 홍보팀과 편집회의를 하는 자리에서 현재 사보의 문제점을 지적하며 리뉴얼을 제안했다. 경쟁사 사보 분석, 새로운 기획, 편집체제 수정 등 꼼꼼하게 리뉴얼 안을 만들어 설명했다.

그런데 A증권사 홍보팀 담당자는 윗사람한테 지적받은 것도 없는데 긁어 부스럼을 만들 필요가 없다며 리뉴얼을 시도조차 않으려 했다. K씨는 아무리 무료 배포되는 간행물일지라도 변화가 없으면 독자가 식상하게 된다며 평소보다 주장을 좀 세게 했다.

　다음 날, K씨는 사장에게 호출되었다. 손에는 A증권사 홍보팀에서 보내온 이메일 프린트가 들려 있었다. 리뉴얼 얘기보다 K씨가 건방져서 같이 일하기 어렵다는 이메일이었다. 사장은 K씨의 노력을 비판했다. "탈 없이 잘 가고 있는 걸 왜 흔들어서 난처하게 만드나."

　K씨는 다른 사보 담당자로 보직이 변경되었고, 이후로는 고객사의 요구에 충실히 따를 뿐 혁신안 같은 건 제안하지 않게 되었다.

좋은 의미든 나쁜 의미든 모난 돌이 되지 말라는 경고로 돌아온 에피소드다. 이런 분위기를 처음엔 잘 이해하지 못하지만 조금 시간이 지나면 자기 살길을 찾아야 하므로 곧 적응해 간다.

　비슷한 예는 또 있다. 상사의 지시에 모순이 보여 대응하면 윗사람의 말에 토를 단 것이 되고, 회사 내의 옳지 않은 관행을 지적하면 개선되기보다 미운털이 박히기도 한다. 그 직원 입장에서는 순해지거나 회사를 옮기는 수밖에 없다.

　튀어서는 안 된다는 것이 마음에 스며들면 그다음부터는 쉽다. 회식도 안 가면 왠지 뒷욕을 먹을 것 같아 참석한다. 회식 분위기는 또 어떤가. 상사의 꼰대 유머에 웃으며 기분을 맞춰주면 자신이 진짜 재미있는 사람인 줄 안다. 몇 잔 술이 돌면 회식에 참석하지 않은 사람을 향한 뒷담화도 튀어나온다.

　아무개는 애사심이 없다, 팀워크를 모른다, 예의가 없다 등등.

그런 말을 듣고 있자면 참석하길 잘했다는 생각도 든다. 업무적 성과를 축하하는 공식 회식이라면 모를까 상사 기분에 따라 열리는 회식이 애사심, 팀워크, 예의와 무슨 상관이란 말인가.

이제 돌아보자. 당신은 직장에서 모난 돌인가 둥근 돌인가. 물론 여기서 모난 돌은 나쁜 의미로만 쓰인 말이 아니란 걸 당신도 알 것이다. 그런 전제로 물어보는 질문이다.

>>>
부자들도
워라밸과는 거리가 멀다

큰 아파트, 고급 자동차가 워라밸?

사람들은 대부분 부자를 꿈꾼다. 언젠가 '부자 되는 법'이란 강의를 들었는데 강사가 이렇게 질문했다.

"부자 되고 싶은 사람?"

그때 거기 모인 청중 모두가 "저요." 하며 손을 치켜들었던 장면이 떠오른다. 부자가 되고 싶은 것은 아마도 대부분 사람들의 본능적 희망일 것이다. 걱정할 일이 없을 만큼 넉넉한 돈, 으리으리한 집, 좋은 자동차에다 마음만 먹으면 어디든 갈 수 있고 무엇이든 살 수 있기 때문이다.

그렇다면 진짜 부자들의 라이프 스타일은 우리가 생각했던 만큼 이상적일까? 이에 대한 설문조사가 있어 소개한다. 하나은행이 2018년 한국의 부자 1,028명을 대상으로 설문조사해 다음과 같은 결과를 얻었다.

▲ 부자들의 라이프 스타일

- 월수입: 2,326만 원

- 지출: 970만 원

- 여가 시간: 평일 기준 일반인의 3.5배, 주말 기준 2배

- 여가 활동: 골프나 공연 관람 등

- 자녀 결혼비용: 아들 7억 4,000만 원, 딸 6억 2,000만 원

- 보유 부동산: 평균 45억 원

아마도 부러움에 입이 떡 벌어질 것 같다. 그야말로 보통 직장인이 꿈꾸는 워라밸이 그대로 이루어지고 있는 듯하다. 하지만 이들의 내면을 좀 더 들여다보자. 이들에게 본인 스스로 부자라고 생각하는지 질문했을 때 의외로 30%만이 부자라고 답했다. 부자들에게 그럼 얼마의 자산을 가지고 있어야 부자라고 생각하는지 묻자 다음과 같은 대답이 돌아왔다.

▲ 얼마의 자산을 가지고 있어야 부자라고 생각하는가?

- 10억~30억 원의 부자들: 평균 86억 원

- 30억~50억 원의 부자들: 평균 102억 원

- 50억~100억 원의 부자들: 평균 141억 원

- 100억 원 이상의 부자들: 평균 184억 원

  거의 자신의 자산보다 두 배 이상의 돈이 있어야 한다고 느끼고 있는 셈이다. 산 너머 산이란 말이 있듯 인간의 욕심은 정말 끝이 없는 것 같다. 아직 저 자리에 가 보지 못한 사람들은 부자들의 삶을 동경하지만 저들 역시 그 위의 삶을 동경하고 있다.

  이런 생각을 해 본다. 만약 저 부자들이 열심히 돈을 벌어 자신이 원하는 돈을 가지면 비로소 만족할 수 있을까. 아마도 또 다른 욕심이 꿈틀거릴 것이다. 인간에게 돈이 필요한 이유는 무엇일까? 먹고 즐기기 위함일 터다. 물론 만약의 상황에 대비할 수 있는 든든한 보장성도 큰 부분이지만.

  그런데 부자라고 매일 비싼 음식만 먹지는 않는다. 어떤 레벨의 식당이든 부담 없이 갈 수는 있겠지만 그들도 평소에는 입맛 따라 된장찌개, 고등어구이를 먹고, 라면을 좋아한다면 너무 자주 먹는 게 아닐까 고민할 것이다.

  그렇다면 즐기는 데 드는 돈은? 이 또한 어느 단계 이상을 넘어가면 더 이상의 돈을 들여도 즐거움이 배가되지 않는다. 좋은 집과 비싼 차는 어떨까? 경험자의 증언에 의하면 좋은 집과 비싼 차를 가진 기쁨이 큰 것은 사실이나 그 기쁨도 그리 오래가진 않는다고 한다.

  부자들이 남이 부러워할 만큼의 돈을 가졌음에도 끊임없이 돈에 목말라하는 것은 바로 이런 인간의 본성 때문이다. 인간의 만족 창고는 풍요로운 물질만으로는 절대 채워지지 않는 특이성이 있다. 이곳은 물질과 함께 정서적 안정과 기쁨, 사랑 등이 채워져야 비로소 만족하게 된다.

우리가 워라밸을 추구하는 것도 단순히 여가의 확보에만 있는 것이 아니라 정서적 안정과 기쁨, 사랑 등의 비물질적인 마음의 요소를 채우기 위함이다. 그런 면에서 단지 고급 아파트와 비싼 자동차를 목표로 하는 것은 워라밸의 방향성이 아니다.

돈과 워라밸은 비례관계가 아니다

하나금융경영연구소는 2018년 '한국 부자들의 자산관리 방식 및 라이프 스타일'이라는 조사를 통해 부자들의 라이프 스타일에 대해 소개했다. 그들의 가구당 월평균 지출액은 1,059만 원으로 나타났는데, 이들에게 향후 지출 규모를 늘릴 항목에 대해 복수응답으로 물었더니 다음과 같은 결과가 나왔다.

▲ 부자들이 향후 지출 규모를 늘리고 싶은 항목

- 문화 레저 비용: 72.8%

- 의료비 및 의약품비: 36.7%

- 자녀 사교육비: 23%

즉, 부자들 역시 문화 레저와 함께하는 여가가 중요하다고 느끼며 여기에 시간과 돈을 투자하려는 사람들이 늘고 있음을 알 수 있다. 이는 워라밸과 일맥상통하는 점이다.

두 번째로 많이 나온 의료비 및 의약품비는 이미 여유 있는 상태일 것임을 감안하면 의외다. 하지만 이해가 안 되는 건 아니다. 수십억 원 이상의 자산을 가진 부자들을 조사했을 때 그들의 연령대는 대개 50~60대 이상이었다. 이 연령대의 사람들이라면 건강 문제가 늘 관심사로 떠오른다. 건강하지 못하면 워라밸의 꿈도 불가능하기 때문이다.

어쨌든 돈이 많으면 그만큼 행복도도 높아지는 게 사실이다. 돈 걱정 없이 하고 싶은 것 할 수 있고 필요한 곳에 쓸 수 있고 가고 싶은 곳에 갈 수 있기 때문이다. 또, 돈이 있으면 일단 외형적 워라밸의 모습도 쉽게 갖출 수 있다. 하지만 돈과 행복이 비례하는지는 따져 볼 일이다.

돈과 행복에 관한 흥미로운 조사가 있다. 2013년 미국의 금융자문업체인 스펙트렘 그룹은 부자들을 상대로 돈과 행복의 상관관계에 대한 설문을 실시했다. 이때 부자들을 50만~100만 달러의 그룹과 500만 달러 이상의 두 그룹으로 분류해 "당신은 돈으로 행복을 살 수 있다고 생각하는가?"라는 질문을 던졌다. 그 결과는 다음과 같이 나타났다.

▲ 돈으로 행복을 살 수 있을까?

　– 자산 50만~100만 달러의 그룹: 16%

　– 자산 500만 달러 이상의 그룹: 20%

　당신은 이 결과를 어떻게 해석하는가? 언뜻 보면 보유 자산에 비례해 행복도가 더 높게 나온 것처럼 보인다. 하지만 주목해야 할 것은 절대적 수치다. 부자들이라면 행복을 더 자신할 줄 알았는데 불과 16~20%만이 돈으로 행복을 살 수 있다고 답한 것이다.

　돈과 행복의 상관관계에 대한 응답은 연령대에 따라서도 차이를 보였다. 같은 질문에 40세 이하는 30% 이상이 돈으로 행복을 살 수 있다고 답했으나 60세 이상은 18%만이 그렇다고 답했다. 왜 나이가 들수록 돈을 통한 행복감이 줄어드는 걸까? 인생을 경험해 보니 돈이 전부가 아니란 걸 알았기 때문이 아닐까.

　이상의 결과들은 우리가 어떤 워라밸을 추구해야 하는지 교훈을 준다. 돈이 있어야 워라밸도 가능한 것이라고 생각해 왔다면 그것은 어느 정도까지다.

　미국의 한 연구에 따르면, 소득이 증가할수록 '일일 만족도'가 높아지는 건 사실이지만 어느 정도의 수준(미국 기준으로 연소득 7만 5,000달러)을 넘어가면 일일 만족도의 기울기가 급격히 줄어

든다는 보고가 있다. 즉, 돈과 행복은 지속적 비례관계가 아니라는 것이다.

부자들은 좋은 집, 비싼 차, 골프, 잦은 여행 등으로 삶을 즐기지만 그것에서 느끼는 행복도가 지속적이고 향진적이지는 않다는 얘기다. 단지 돈과 여가의 확보만으로는 워라밸이 완성되지 않는다는 것을 보여 주는 연구라 하겠다.

그런 모습은 부자들의 라이프 스타일에서도 관찰된다.

부자들은 개인의 취향 여부와 관계없이 대부분 골프를 친다. 부자라고 다 골프를 좋아할 리 만무하고, 부자여도 등산, 낚시, 테니스 등 좋아하는 것은 제각각일 텐데. 부자들의 골프 사랑은 부자라는 격에 어울리는 것을 찾다 보니 생긴 풍조가 아닐까 싶다.

골프는 우리 사회에서 상류층의 레포츠로 인정받고 있는 대표적인 종목이다. 억대의 골프장 회원권, 고급 골프채 세트 등 관련 비용도 천차만별이어서 마음만 먹으면 한껏 부를 과시할 수 있는 종목이기도 하다. 부자들끼리 어울리는 라운딩을 통해 스스로 부자임을 확인할 수 있기도 하고.

이렇게 보면 부자들의 개인 취향, 소질과는 상관없는 골프 사랑은 허례허식적인 요소가 크다 하겠다. 정말 골프를 좋아하고 드디어 경제적 여유가 생겨 골프를 치게 된, 마음으로부터 기쁨을 느끼는 선택이 아니라면 워라밸과는 거리가 먼 행동이다.

부자들은 문화도 사치로 소비하려 든다. 어떤 공연인가 하는 것보다는 얼마나 비싼 티켓인가에 관심을 기울인다. 음식도 얼마나 비싼 메뉴인가에 주목한다.

그러고 보면 한국만큼 고가 마케팅이 잘 먹히는 나라도 없다. 한국은 고가품 장사꾼들의 '봉'이 된 지 오래다. 루이비통, 구찌, 샤넬, 입셍로랑 등 명품 브랜드의 가방, 신발, 의류, 시계, 화장품 등이 불티나게 팔려 나간다.

부자들의 이런 소비 행태는 과시적 행동 성향의 표출이다. 남에게 자신을 과시함으로써 자기만족을 얻으려 하는 것이다. 다 그런 건 아니지만 막상 부자가 되어서 잡은 선택이 과소비, 허세, 겉치레라면 워라밸적인 행복과는 거리가 멀다. 이렇게 보면 부자들은 돈과 시간이 주어졌음에도 워라밸에 대한 이해 면에서 다른 보통 사람들과 별반 다를 게 없어 보인다.

>>>

여행도 휴식이 아니라
과시하러 간다

스펙 쌓기 여행

우리나라 사람들은 여행을 좋아한다. 여행 가고 싶다는 말을
입에 달고 사는 사람도 많지만 여행객 숫자로도 드러난다.

2019년 7월 미국의 CNBC가 마스터카드의 '글로벌 여행도
시 지표(GDCI) 보고서'를 인용해 보도한 데 따르면, 한국은 해
외여행자 수에서 세계 6위를 기록했다. 숫자로는 2009년 950
만 명 수준이던 데서 2018년 2,869만 명으로 세 배가 늘었다.

1위부터 소개하면 미국, 중국, 독일, 영국, 프랑스, 한국, 일본
순이다. 한국보다 인구가 두 배 이상인 일본보다도 해외여행자
수가 많다는 게 놀랍다. 일본 사람들이 여행을 많이 안 가는 것
일 수도 있겠지만.

그런데 우리나라 사람들의 여행의 질을 보면 휴식과는 조금

거리가 있어 보인다. 어쩌다 몇 번 패키지여행을 다녀온 적이 있다. 하지만 이건 그냥 유명 관광지를 둘러보러 가는 것이지 여행다운 여행이 아니란 생각이 든다. 그냥 안 가 본 곳 가서 도장 찍는 식이다. 우리나라 사람들은 이런 패키지여행에 매우 익숙하다. 할아버지, 할머니도 척척 따라다니는 게 신기해 보일 정도다.

이런 여행을 하고 돌아오면 파김치가 되게 마련이다. 여행이 아니라 마치 일을 마치고 온 느낌이다. 그럼에도 여행에 참가하는 것은 직장 동료도 친구도, 은퇴자들도 이웃집 드나들 듯 하는 해외여행에서 나만 소외될 수 없다는 심리도 작용하는 것 같다.

한국인들은 마치 여행 스펙을 쌓듯 외국의 관광지를 다닌다. '나 여기도 가 봤어'라고 자랑하는 양 사진 찍기 위주다. 우리의 이런 여행문화는 일에서 완전히 벗어나 휴양지에서 길게 체류하는 서구인들의 여유로운 여행과는 너무도 다르다.

오래전 취재차 태국에 갔을 때의 에피소드가 떠오른다. 일만 하고 돌아오기 아쉬워 유명한 파타야 해변에서 귀국 전날의 오후 시간을 보냈다. 그때 이탈리아에서 왔다는 커플과 즉석에서 자리를 같이하게 되었다.

10일째 그곳에 머물고 있다는 그들은 야자수 그늘 아래에서 책을 보거나 해먹에서 잠을 자며 시간을 보냈다고 했다. 그러면서 이 멋진 바다에서 어떻게 하루만 머물고 가느냐며 나를 안타까워했다. 또, 현지 한국인 가이드의 부탁으로 가지고 갔던 팩소주 맛에 반해 열 배는 비쌀 고급 양주와 바꾸자며 조르기도 했다. 그런 것도 그들에게는 모두 추억이 될 것이다.

서구인들의 여행에 나를 위한 선물(휴식, 재충전) 같은 인식이 있다면 우리의 여행에는 과시를 통한 자기만족이 있는 것 같다. 라이프 스타일에서 자신에게 충실한 문화와 외양을 중시하는 문화의 차이 때문일 수도 있다. 물론 다 그렇다는 건 아니지만.

충분히, 여유 있게 즐기지 못하는 짧은 휴가제도도 문제라는 생각이 든다. 연월차 합해서 10일쯤 여름휴가를 신청하면 애사심 없는 이기적인 직원이 되기 십상이고, 눈치가 보여 그렇게 하지 못하는 직장인들도 많다. 그런 마당이니 휴가를 가도 가족을 위한 서비스 차원이거나 빨리빨리 둘러보고 오는 여행이 될 수밖에 없다.

사색과 여유를 즐기는 유럽인들의 여행

우리의 여행과 비교해 서구의 여행객이 즐기는 여행 패턴을 살펴보자. 그들에게서 우리처럼 한꺼번에 몇 나라를 시간에 쫓기듯 건너다니는 여행은 찾아보기 힘들다.

낯선 문화, 새로운 먹거리 체험 등에 매료되기는 누구나 같겠지만 기본적으로 그들은 여행 그 자체를 정말 즐기는 모습이다.

한 나라 또는 한 지역에 오래 머물며 충분한 휴식을 누리거나 현지의 사람, 문화를 느끼고 사색하고 감상하길 좋아한다.

평소의 일과 생활에서의 심리적인 여유가 여행에서도 차이를 만드는 것 같다. 그런 마음이라면 여행이 끝나도 피로가 쌓이지 않고 진짜 재충전이 될 수 있지 않을까.

프랑스의 작가 마르셀 프루스트는 "진정한 여행이란 새로운 풍경을 보는 것이 아니라 새로운 눈을 가지는 데 있다."라고 했다. 생활 속 스트레스가 쌓이면 잠시 어디론가 떠나고 싶어진다. 물론 새로운 곳을 찾는 것으로 어느 정도의 스트레스는 풀수 있다. 하지만 사진 찍고 오는 여행이라면 일주일 또는 한 달용에 불과하다. 그래서 스트레스 많은 우리나라 사람들이 유독 공항과 친한지도 모르겠다.

둘러보기 식의 여행 패턴에서 벗어나자면 마르셀 프루스트의 말을 다시 새길 필요가 있다. 즉, 눈도장 찍는 여행이 아니라 새로운 눈을 얻을 수 있는 여행이 되어야 한다는 것이다. 이는 워라밸이 추구하는 행복의 본질과도 맥이 닿아 있다. 워라밸다운 여행이라면 한 번을 떠나더라도 일에서 완전히 벗어나 힐링이되고 새로운 발견이 될 수 있어야 한다.

여가를 확보하고 그 여가를 내가 가장 좋아하는 일에 쓰며 스트레스를 잊을 수 있을 때 제대로 된 힐링이라고 할 수 있을 것이다. 또, 발견은 여행지에서 접하는 문화와 사람들 속으로 들어가 내가 사는 곳에서는 느낄 수 없던 또 다른 나를 만나는 것이다.

꼭 긴 여행이 아니어도 좋다. 내가 가고자 하는 곳을 다녀온 사람의 책이나 인터넷을 통해 가서 무엇을 할 것인지 꼼꼼히 준비한다면 훨씬 순도 높은 여행이 가능할 것 같다.

그런 여행이라면 준비하는 과정에서부터 벌써 나를 행복하게 하지 않을까. 아마도 과시를 위한 여행과는 비교할 수 없는 여행이 펼쳐질 것 같다. 더는 사진 찍고 오는 여행에 현혹되지 말기를.

제3장

내 안에는
어떤
문제가
있나

내 삶의 가치성을
진지하게 고민하고 있나

나는 왜 사는가

"나는 나로 사는 게 아니라 주변 사람들로 살고 있다."

많은 사람들이 흔히 하는 말이나. 필자 역시 지난 삶을 돌아보면 다르지 않다.

꼬마 때 내가 다니고 싶어 학교를 간 적은 별로 없었다. 부모가 시켰기 때문에 갔고 공부도 그래서 했다. 또, 남들이 대학을 가기에 나도 대학을 갔고 남들이 취직하기에 그 대열에 들었다. 모두가 부모와 주변인들의 영향과 시선 때문에 일어난 일이지 내 속에서 우러나 선택한 일은 하나도 없었던 것 같다.

그런데 이런 모습은 오늘날 대부분의 한국인들의 자화상이 아닐까. 타의에 의해 학원을 다녔고, 입시 경쟁, 취업 스트레스에 시달렸고, 어린 학생들도 비슷한 길을 걷고 있다. 진학할 때도 자신의 기준보다는 편하고 돈 잘 버는 직업과 연관되는 학과가 좋다는 부모님 또는 주변의 말에 이끌린다. 그 속에 나는 없다.

필자가 뒤늦게라도 '나'를 발견한 사건은 잊고 있었던 꿈이 계기가 되었다. 정말로 하고 싶은 꿈이 있었다는 사실을 사십이 가까운 나이에 문득 깨달았다. 중학교 때 도서관에서 책을 읽다가 우연히 내 속에 들어왔던 기억 저편의 꿈. 그건 나도 헤밍웨이처럼 멋진 글을 쓰는 작가가 되고 싶다는 것이었다.

하지만 학창시절 잠시 튀어나왔던 '나'는 거대한 사회적 환경 속에 파묻혀야 했다. 이런 일은 아마 다른 사람들도 경험했을 것 같다. '나'가 조금이라도 모습을 드러내려 하면 나를 둘러싼 환경이 이를 짓눌러 버린다. 정말이지 '나'로 살아가기 힘든 사회 환경의 구조적 모순이다.

친구를 따라 우연히 어느 강연장에 갔다가 지난 20년간 잊고 살았던 '꿈'에 관련된 강의를 들었다. 30대 후반 나이에 걸맞지 않게 가슴이 뛰었다. 아직도 살아 있는 작가가 되고 싶었던 꿈! 그날 밤 잠이 오지 않았다.

뒤늦게 다시 떠올린 꿈을 이번엔 놓치지 않았다. 이후 직장생활 틈틈이 꿈을 이루기 위한 공부를 했다. 사회에 나온 후 솔직히 거의 등지고 살았던 책을 다시 들었고 글쓰기 공부에도 매진했다. 그러기를 2년여, 드디어 꿈을 이룰 기회가 찾아왔다. 한 출판사에서 원고 청탁이 들어온 것이다. 먼 거리를 돌아서 '나'로 돌아오는 전환이 있던 때였다.

다른 사람들도 그렇게 하라는 뜻은 아니다. 저마다 여건이 다르고, 지금이 더 좋은 사람들도 많을 것이기에. 그러나 각자 더 나은 삶을 위해 자신을 체크해 볼 필요는 있겠다.

단도직입적으로 묻건대 당신은 지금 '나'로 살고 있는가? 아니면 주변인으로 살고 있지는 않은지? 그리고 당신이 인생을 사는 목적은 무엇인지?

만약 그냥 잘살기 위해서라는 답이 나온다면 그건 당신 속에서 나온 답이 아니다. 그저 주변인들이 오랜 시간에 걸쳐 세뇌시킨 답일 뿐이다. 그냥 잘사는 삶은 인간의 삶이 아니라 동물적 삶이다. 인간이 살아가는 이유는 분명 동물과는 다르다. 나는 그것을 '가치' 또는 '의미'라 표현한다.

오늘날 워라밸이 등장한 이유 중에는 '나'를 잃고 사는 사람들에게 삶의 가치를 찾아 주기 위함도 있다. 직장인들의 삶이 힘들어진 것은 일과 삶의 시간적 균형이 무너졌기 때문만은 아니다. 더 중요한 정신의 균형이 깨졌기 때문에 나타나는 현상이다. 정신적 균형은 삶의 가치성이 분명해야 흔들리지 않는다. 그럼 삶의 가치성이 분명하다는 것은 어떤 상태일까?

사람들은 단지 여가를 확보하고 그 시간을 즐기면 행복이 올 것이라고 생각한다. 하지만 그런 행복은 오래가지 못한다.

워라밸이 제시하는 시간 확보는 단순히 여유를 즐기라는 것이 아니다. 그 시간을 통해 인간답게 사는 방법을 찾고, 내 삶의 가치를 진지하게 고민해 볼 수 있어야 한다. 그런 삶을 추구한다면 세상을 대하는 인식부터가 달라지게 된다.

삶의 가치성이란 자신만의 뚜렷한 인생 목표다. 엔지니어가 되겠다면 세상을 기술로 이롭게 하겠다, 식당을 한다면 돈도 벌지만 음식으로 사람들을 행복하게 하겠다, 공무원이 되겠다면 직업의 안정성 이전에 사회 정의 구현에 역할을 하는 사람이 되겠다, 라는 식의.

인생 목표가 뚜렷하면 일하는 태도, 여가에 대한 인식도 달라질 수 있다. 더욱 역동적으로 일하게 될 뿐 아니라 여가도 더 알차게 보내게 된다.

인간은 정신과 육체로 이루어진 존재다. 육체의 건강을 위해서는 관리가 필요하며 정신의 건강을 위해서는 가족과의 시간, 취미생활 등이 필요하다. 또, 이러한 삶을 이어 가기 위해 경제적인 수단도 병행되어야 한다. 이것들 중 하나라도 빠지면 삶의 균형은 깨지고 말 것이다. 이러한 삶과 일의 균형을 유지하기 위해 필요한 것이 자신만의 중심축이다.

아래는 그런 관계를 그림으로 표현한 것이다.

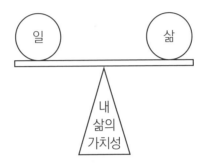

그렇다면 이 중심축에는 어떤 내용이 들어가야 할까? 바로 일과 삶을 영위하는 목표(이유)가 받침대로 자리해야 한다. 위에서 엔지니어, 식당 주인, 공무원 등을 예로 들었듯 어떤 일에 종사하든 자신만의 의미 있는 인생 목표를 세울 수 있다. 그것의 다른 표현이 중심축이자 삶의 가치성이다.

중심축이 확고한 사람은 일과 삶을 대하는 자세부터 다르다. 일이 삶을 위한 것이 되고, 삶이 일을 위한 것이 되어 서로 시너지를 준다. 그러기 위해 일을 어떤 식으로 대해야 할지, 삶을 위한 여가는 어떤 식으로 보내야 할지 판단도 잘하게 된다.

이렇게 보면 중심축은 내가 정한 삶의 가치를 지키도록 자신을 다잡는 마음이라고 정의할 수 있다. 중심축이 확고한 사람은 설령 잠시의 이탈이 있더라도 자신의 자리로 더 쉽게 돌아온다.

그런 면에서 위 그림은 워라밸의 핵심인 일과 삶의 균형 그리고 중심축의 중요성을 한눈에 볼 수 있게 하니 '워라밸 저울'이라고 불러도 괜찮겠다.

워라밸 저울은 워라밸의 균형을 이루기 위한 이상적인 모델이 될 수 있다. 이러한 워라밸 모델을 구축하고 싶다면 워라밸의 중심축이 되는 내 삶의 가치성부터 정립하는 것이 순서다.

긴 목표가
자신 없는 청년들

중소기업도 알짜 많은데 오로지 대기업

한국에서 청년 문제는 사회의 그늘이 된 지 오래다. 대학을 졸업해도 눈높이에 맞는 일자리가 태부족하니 과다한 경쟁, 가벼운 주머니, 열등감, 희망 없는 미래 등 온갖 부정적 요소가 다 등장해 넘실거린다.

2018년 한국고용정보원에서 발표한 '대졸자 직업이동 경로 조사'를 살펴보면 지난 10년간 4년제 대졸 청년층의 고용률, 취업률 변화의 추이를 알 수 있다.

▲ 지난 10년간 4년제 대졸 청년층의 고용률, 취업률 변화

 - 고용률 4.6% 감소

 - 정규직 취업률 10.6% 감소

- 선망하는 직장 취업률 9.3% 감소

청년 세대를 나락으로 떨어뜨린 건 우리나라의 경제성장률 둔화와 직접적 관련이 있다. 고속 경제성장 시절에는 일자리도 그만큼 넉넉해 취업자 흡수에 별 문제가 없었다. 그러다가 경제성장률 둔화가 장기적으로 이어지면서 취업 시장도 같이 생기를 잃어 갔다.

그런데 청년 실업 문제가 비단 경제 침체 때문만일까? 여기에는 대학 문이 넓어지면서 급증한 대졸자, 사무자동화, 엘리트 직장만 찾는 편향된 인식 등 여러 복합적인 문제가 도사린다.

그중 하나인 학력 프리미엄을 보자. 한 세대 전만 해도 30~40%대이던 대학진학률이 지금은 70%대 중반에 달하고 있다. 종로하늘교육이 학교알리미에 공시한 전국 일반계 고교 대학진학률을 보면 2010년 81.5%에서 좀 낮아지긴 했으나 2019년 76.5%를 기록해 여전히 높다. 선진국의 대학진학률은 대개 30~40% 선이다. 실업률이 가장 낮기로 소문난 독일의 대학진학률은 30%대다.

대졸자들은 당연히 눈이 높다. 공부한 만큼 대우받고 싶은 것이다. 그런 마음이 대기업, 공공기관 등에 대한 선호로 표출된다. 하지만 그런 일자리는 제한적이다. 그 결과 생긴 병폐가 역대 최고의 취업준비생 수다.

해마다 대략 70만 명의 청년들이 남들 보기에 버젓한 직장 아니면 안 된다는 이유로 좁은 문을 두드리고 있다. 우리나라에서 대기업, 공공기관, 금융권 등을 합해 소위 A급 일자리는 신입 기준으로 연간 16만 명 남짓하다. 대졸 취업 희망자 수에 비하면 태부족하다.

통계청에 따르면 대학을 마친 20, 30대 청년들 중 350만 명이 비경제활동 인구라고 한다. 비경제활동 인구는 쉽게 말해 수입이 없다는 뜻이다. 이 가운데는 아예 취업을 포기한 청년들도 부지기수다. 그들은 대개 부모에게 얹혀살거나(이런 청년을 캥거루족이라 한다) 아니면 아르바이트로 세월을 보낸다. 그들에게서 미래의 희망이란 찾아보기 힘들다.

청년들의 이런 모습은 매우 비징싱직이다. 한창 현장에 투입되어 일을 익혀야 할 시기에 고시원에 틀어박혀 인생의 지혜와는 별 상관도 없는 취업 도서를 붙잡고 있거나 아르바이트에 매달리고 있으니 말이다. 또, 유흥가에 청년 종사자는 왜 그리 많고 특기도 없으면서 왜 직업훈련조차 받으려 하지 않는지. 그 시간 선진국 청년들은 현장 실무를 익히며 실력을 다져 나가고 있다.

실제로 동종 분야의 선진국 고졸 10년 차 직장인과 우리나라 대졸 4년 차 직장인의 능력을 비교해 봤을 때 선진국이 앞선다는 보고도 있다. 비슷한 나이겠지만 월등한 현장 실무 경험이 만들어 내는 결과이지 않을까.

이런 상황에서 청년들에게 해 주고 싶은 말은 당장 눈앞의 현실에 매달리지 말라는 것이다. 신이 인간에게 준 약점 중 하나는 근시안일 수 있다. 하지만 세상은 좁은 현실만 있는 게 아니라 더없이 넓게 펼쳐져 있다.

따라서 우리의 시선도 넓게 가질 필요가 있다. 20~30대에 미리 성공해 버린 사람은 오래가지 못할 수 있다. 이미 맛볼 걸 다 맛봐 버려 의욕이 꺾일 수 있기 때문이다. 인생은 결코 20대에 판가름 나지 않는다. 적어도 40~50대 이상 되어 봐야 그때 인생의 성공 여부가 판별된다.

인생을 길게 보면 20대 시기는 안정된 직장을 목표로 하기보다 실력을 닦는 기회로 삼는 게 건전하다. 실력을 닦자면 현장에 투입되어 경험 공부를 해 봐야 한다. 그래야 사회 속의 나를 알 수 있기 때문이다.

당장 대기업에 들어갈 실력이 안 된다면 그 아래 기업을 바라볼 필요가 있다. 대기업 못지않은 알짜 중소기업도 즐비하다. 알짜 중소기업이 어렵다면 그 아래 직장이라도 들어가 경험을 쌓을 필요가 있다. 물론 이때 중요한 태도는 열등감 대신 실력을 쌓는다는 자세다. 제발 당장의 연봉, 주변의 시선 같은 것에서 벗어나 눈을 높게 들었으면 좋겠다.

그런 생각은 나도 해 봤어, 할지 모르겠다. 하지만 생각만 하고 행동으로 옮기지 않고 있다면 뭐가 달라지나. 인생은 현실이다. 실전 무대에 뛰어들어야 길을 찾아낼 수 있는 것이다.

이렇게 20대 시기를 허비하지 않고 실력을 닦는 기회로 삼는다면 역량은 일취월장할 수 있다. 인간이란 마음을 어떻게 먹느냐에 따라 언제든지 변화할 수 있는 존재이기 때문이다.

장담컨대 당신이 20대를 더 진취적으로 보낸다면 30대에 분명 기회가 찾아올 것이다. 이것이 20대의 워라밸이다. 20대의 워라밸은 여가를 쾌락으로 보낼 게 아니라 실력을 다지기 위해 일과 생활에 매진하는 것이다. 워라밸을 완성하는 시기가 아니라 워라밸을 구축하기 위한 기초를 쌓는 시기가 바로 20대임을 기억해야 한다.

직업은 워라밸을 위한 조건일 뿐 전부인 것이 아니다

공무원 시험을 준비 중이던 한 취업준비생의 자살 소식이 뉴스를 탔다. 그런데 그의 유서에 담긴 사연이 안타깝다. 그는 부모님께 거짓으로 취직했다고 알렸다. 그리고 매일 아침 거짓 출근을 하며 공무원 시험에 매달렸다. 대부업체에서 돈을 빌려 월급이라며 부모님께 갖다드렸다. 하지만 이런 거짓된 삶이 오래 지속될 리 없다. 결국 청년은 거짓의 무게를 견디다 못해 스스로 목숨을 끊는 선택을 하고 말았다.

청년기에 좋은 직업을 갖는 것은 무엇보다 중요한 일임에 틀림없다. 하지만 '좋다'는 것은 주관적 또는 사회적 평판일 수 있다. 그러한 선택이 목숨과 바꿀 만큼 중요한 일은 절대 아니다. 직업보다 인생 설계가 우선이다. 좋은 직업은 그다음 고려 대상일 뿐이다.

하지만 안타깝게도 수많은 청년들이 오직 좋은 직업에 목숨을 걸고 있다. 우리나라 사람들의 자살률이 높은 건 세상이 다 안다. 그런데 청년층인 20~30대의 자살률이 너무 높다. 그중에는 좋은 직업에 대해 고민하다가 해서는 안 될 선택을 하는 경우도 적지 않다.

워라밸 관점에서 보면, 직업 개념은 내 삶의 가치성을 세울 때 더 탄탄해질 수 있다. 워라밸은 일과 삶 그리고 이 둘의 균형 속에 존재한다. 이때 일과 삶의 균형을 떠받치는 중심이 내 삶의 가치성이다. 앞에서 제시했던 그림을 다시 한 번 살펴보자.

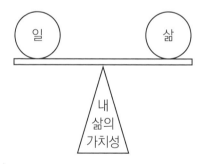

워라밸 저울은 중심축 그리고 '일이라는 공'과 '삶이라는 공'

으로 구성된다. 이때 워라밸 저울을 만들기 위해 가장 먼저 해야 할 일은 무엇일까? 바로 중심축을 잡는 일이다. 이는 내 삶의 가치성을 세우는 것으로 정의할 수 있다.

이것을 하기 가장 좋은 시기가 청년 시절이다. 자신의 가치성을 찾는 데 20대를 다 바쳐도 좋다고 할 만큼 이건 중요한 일이다. 다음으로 그 위에 세울 일이라는 공과 삶이라는 공을 동시에 만들어 나가야 한다. 이때 일을 정하는 기준은 절대 타인의 시선이나 체면이 아니라 내 삶의 가치성이어야 한다.

여기서 가치성을 세우는 것이란 앞에서도 언급했듯 내 삶의 목표를 세우는 것이다. 나는 어떤 사람이 되고 어떤 일을 해서 사회에 기여하겠다는 목표를 세우는 것이 곧 내 삶의 가치성을 높이는 일이 될 수 있다는 뜻이다.

이런 사람은 직장을 선택할 때도 많은 보수에 기준을 두기보다 내 가치성을 살릴 수 있는 곳인가를 살핀다. 실력을 쌓는 가장 좋은 방법은 이론적 스펙보다 실제로 현장 경험을 해 보는 것이다. 이를 위해 당장 취직이 어렵다면 지금 내 능력치보다 약간 낮춰서라도 현장에 뛰어드는 것이 좋을 수 있다.

예를 들어, 유통업을 지망하는 청년이 있다 치자. 대기업 유통회사 입사에 거듭 실패하고 있다면 이렇게 생각을 바꿀 수 있다.

'그래. 대기업은 구매든 영업이든 한 분야에 고정되기 쉽고,

중소 유통회사는 직원이 많지 않으니 유통의 전 분야를 두루 경험하며 일하게 될 거야. 그러면 업무 전체에도 밝아 나중에 더 큰 회사에 경력직으로 갈 수도 있을 거야. 유통의 전반적 구조를 익힌 만큼 언젠가 창업도 가능할 수 있고.'

시간을 허비하기보다 긍정 마인드로 현장에 뛰어들어 실력을 쌓다 보면 언젠가 더 나은 기회를 만날 수도 있다.

직업 때문에 고민하는 당신이라면 이와 같은 워라밸식 직업 선택에 도전해 보라고 권하고 싶다. 워라밸의 시각에서 직업은 전부가 아닌 하나의 조건에 불과하다. 그런 전제에서라면 직업을 구하기가 더 쉽고 또 그 직업은 나의 실력을 키워 주는 디딤돌이 된다. 더불어 나의 삶이 풍요로워지는 것은 덤이다.

퇴근 후에도
'나'로 돌아가지 못하는 불안심리

어울려야 안심되는 마음

직장인들은 퇴근 후의 술 약속에 익숙하다. 함께하는 사람들은 회사 동료, 친구들 등이다. 스트레스 해소, 친교, 술자리를 좋아해서 등 이유는 다양하다. 그러나 자신도 모르는 사이에 습관이 된 내면의 이유도 있다고 생각된다. 바로 동질감 확인 심리다. 동질감 확인이란 어울리지 않으면 소외되는 것 같은 마음, 무리에서 벗어나면 안 될 것 같은 생각, 빠지면 뒷담화의 대상이 될 것 같은 불안 등이다.

저녁 자리에서 얻을 수 있는 건 또 있다. 직장에서의 문제는 직장 내에서는 좀처럼 대화에 오르지 않는다. 대개는 퇴근 후 사석에서 이루어진다. 그런데 그런 자리에 빠진다는 것은 중요한 정보를 놓치는 게 되니 별 거부감 없이 참석하게 된다.

퇴근 후 만나는 또 한 그룹은 친구들이다. 친구들끼리 모이는 자리에서는 누가 어디서 어떤 일을 하고, 어디로 옮기려 하고, 얼마를 버는지 등의 정보가 오간다. 표정에 드러내지는 않을지라도 모두 민감한 정보들이다. 그러다 보니 이 역시 놓칠 수 없다.

위와 같은 이유가 전부는 아니겠지만 직장인들은 이심전심으로 저녁시간을 무리 속에서 보내는 때가 많다.

직장인들에게 이런 시간이 필요해 보이기도 한다. 하지만 그러느라 가장 중요한 '나'를 놓치고 있다면 이 역시 워라밸 관점에서는 시간 낭비가 된다. 워라밸의 가장 중요한 목표는 나를 찾고 나를 소중히 여기는 생활에 있다.

그런데 위의 장면들을 살펴보면 거기에 어울림이 있고, 라인이 있고, 뒷담화가 있고, 직장 문제가 있지만 나는 없다. 친구들과의 모임 자리도 마찬가지다. 친구들의 이야기는 있지만 정작 나를 찾는 시간은 없다. 그런 자리는 도리어 비교의식, 열등감만 고취시킨다.

물론 일을 벗어난 자리를 통해 인간관계를 맺는 것도 필요하다. 하지만 그 시간에 매몰되어 더 소중한 나를 놓치게 된다면 그건 워라밸과 멀어지는 행동이다.

소중한 일을 가장 먼저 하라는 말이 있다. 직장인에게 여가는 귀한 시간이다. 그 시간에 가장 먼저 해야 할 것은 자신이 소중히 여기는 일이어야 한다. 그 속에서 만족을 얻고 자존감도 높아질 수 있다. 그런 삶을 살고 있다면 직장 동료나 친구들과 저녁시간을 갖는 것이 큰 문제가 안 된다.

하지만 모임에 끼는 것 자체가 안도감을 주기 때문에 참석하는 것이라면 워라밸에 도움이 되지 않는다. 나아가 워라밸을 방해받는 행동이 될 수도 있다.

음주를 미화하지 마라

직장인들 중에는 의외로 술독에 빠져 사는 사람들이 많다. 우리나라 술 소비량이 세계적인 데는 이런 풍조도 한몫한다. 그들은 왜 이토록 술을 마셔 댈까? 사실 술은 우리에게 긍정보다는 부정적 이미지로 더 많이 와 닿는다. 술 때문에 패가망신하는 사람이 어디 한둘인가. 술 마니아들은 스트레스 해소에 좋다 하지만 그건 적당히 마셨을 때의 이야기다.

퇴근 후나 여가를 주로 술로 보내면 어떤 결과를 빚을까?

먼저, 술을 마시게 되면 그것에 시간을 뺏겨 다른 것을 할 수 없다. 음주량에 따라 다음 날까지 지장을 준다. 남들은 여가를 활용해 자기계발을 위한 공부에 매진하는데 술 때문에 자기계발도 못하니 장기적인 인생 승부에서 낙오되는 결과에 이른다.

또, 술을 좋아하다 보면 술친구가 생기게 되고 나중에는 친구들 때문에라도 술자리를 피할 수 없는 상황에 이른다. 이른바 주당그룹 가입이다. 이런 상태에서는 자신의 사생활도 침해받을 수밖에 없다. 술 때문에 귀가가 늦어지니 가족들과의 대화가 적어지고 불화가 생길 수도 있다. 이뿐만 아니라 개인 사생활도 거의 없어진다.

술꾼은 주로 술꾼들과 어울리게 되어 있다. 술자리가 인맥관리의 한 방편일 수 있으나 요즘에는 술을 마시지 않는 사람들도 많다. 이들 중에 정말 중요한 인맥이 있을 수도 있다. 하지만 술친구 중심으로 어울리다 보면 교유하는 사람들 역시 편향될 수 있다.

술의 폐해는 여기에 그치지 않는다. 술을 마시느라 시간 쓰고 숙취로 다음 날까지 망치는 시간 낭비는 또 어떤가. 거기에다 과다한 술값 지출로 인한 경제적 문제까지. 어떻게 변명해도 술은 이득보다 불이익이 많은 게 분명한 사실이다.

별 의미 없이 습관적으로 어울리는 자리라면 과감하게 끊어야 한다. 잘 안 되면 퇴근 후 어학학원에라도 다녀라. 주변 사람들한테 핑계 대기 좋고 워라밸 관점에서도 자기계발이니 일석이조다.

진짜 술을 좋아해 저녁마다 술자리에 간다면 더 심각하다. 애주가 가운데 자신을 알코올 중독자라 생각하는 사람은 없다. 누가 조언이라도 할라치면 버럭 화를 내며 부정한다. 사실은 의학적으로 알코올 중독에 가까운 사람이 많으며, 심리적 알코올 중독자인 건 맞다. 어떻게 하는 게 좋을까.

음주에도 관성이 작용한다. 일정 기간을 정해 금주해 보자. 어려우면 병이 생겨 의사한테 금주 경고를 받았다고 가정하자. 한 일주일은 술을 마시고 싶어 좀이 쑤실 것이다. 그런데 일정 기간이 지나면 신기하게도 잘 견디게 된다. 안 마시는 쪽의 관성이 생긴 까닭이다. 이는 경험자들의 증언이다.

만약 피할 수 없는 술자리에 가게 되었다면 그날의 음주량을 미리 정하라. 소주라면 2시간에 걸쳐 몇 잔만 마신다는 식으로 속도를 의식해 보자. 그 또한 새로운 습관이 될 수 있다.

또 한 가지, 술을 미화하지 마라. 술꾼들은 술에 대한 이런저런 예찬이 많다. 혼자 마시는 술도 찬사 투성이다. 사실은 술을 마시기 위한 변명일 뿐이다. 아예 '술은 나쁘다'로 인식의 틀을 바꾸자. 술을 절제하는 가장 현명한 방법이다.

나이와 상관없는
꼰대의식

체면으로부터 나는 자유로운가

꼰대, 틀딱, 개저씨 같은 말이 쓰인다. 꼰대는 원래 도시 하층민들이 나이 많은 사람을 지칭해 쓰던 말이다. 이것을 학생들이 따라 하기 시작했는데, 생각이 고루한 선생님이나 아버지 등을 꼰대라 불렀다. 오늘날 꼰대는 직장으로도 전파되어 구태의연한 사고방식을 강요하며 부하직원을 괴롭히는 상사를 비꼬는 말로 쓰인다.

틀딱이란 틀니를 딱딱거리며 꼰대질을 한다 해서 생겨난 신조어다. 주로 나이 많은 노년층을 대상으로 한다는 점에서 차이가 있다. 개저씨는 꼰대의 또 다른 버전으로 '개 같은 아저씨'의 줄임말이다. 즉, 꼰대를 넘어 남에게 피해를 주는 남자들을 비하해 부르는 말이다.

세 단어 모두 좋은 의미의 별칭은 아니다. 새로운 사고방식을 가진 청년들에게 과거 자신은 어쨌다느니 하면서 가르치려 들면 그는 꼰대가 되고 만다.

꼰대의식을 가진 사람들의 대표적 특징 몇 가지를 열거해 보면 다음과 같다.

- 눈치, 겉치레, 체면치레에 빠져 산다.
- 선후배 따지는 사고방식에 젖어 있다.
- 아는 척, 잘난 척이 몸에 배어 있다.
- 권위의식이 강하다.
- 구태의연한 사고에 젖어 있다.
- 군기를 잘 잡는다.
- 자신의 방식을 강요한다.

눈치, 겉치레, 체면치레는 남의 눈을 의식하는 과소비, 아부문화 등으로 발전하기 쉽다. 어쩌면 한국인의 특질을 규정짓는 대표적인 의식인지도 모르겠다.

선후배문화는 직장에서의 편 가르기, 연줄문화의 뿌리 중 하나로 작동된다. 아는 척, 잘난 척, 권위의식 같은 사고는 자기과시의 심리가 일으키는 발화다. 군기 잡는 문화, 자신의 방식을 강요하는 것 등은 수평적 소통을 막는 요인으로 작동한다.

하나같이 사회적 병폐이면서 현실이다. 이러한 이유로 꼰대 의식은 워라밸이 요구하는 직장문화를 저해하는 요소가 된다. 혹시 나도 꼰대가 아닌지 앞의 항목들과 연관 지어 자신을 점검 해 보라. 이미 한두 가지 이상 저지르고 있지는 않은지. 만약 주 변 사람들과의 소통에 문제가 있다면 그럴 가능성이 더 크다.

20대 꼰대들도 수두룩

꼰대의식은 나이 많은 사람들만의 전유물일까? 안타깝게도 꼰대의식은 전염성이 강하다. 꼰대질이 위에서 아래로 이루어 지는 것처럼 꼰대의식도 위에서 아래로 전염된다. 마치 권위적 인 아버지가 싫어서 나는 저렇게 살지 않을 거라 했는데 나도 권위적 아빠가 되어 있는 것처럼.

그중엔 20대의 꼰대의식도 있다. 주변 시선을 의식하거나 체 면을 차리는 행동에 있어서는 20대도 자유롭지 못하다. 중소기 업 입사를 무조건 꺼리거나 카페거리의 삐끼를 하는 한이 있더 라도 생산직은 싫다고 하는 태도 등도 남의 눈을 의식하는 겉치 레적인 꼰대일 수 있다.

젊다고 선후배 따지기에 관대한 것도 아니다. 후배의 당당함 을 무례함으로 모는 선배, 모르는 사람 간에도 나이 따져서 서 열을 가리려는 사람, 누군가 '당신'이라는 호칭을 쓰면 문제의 본질은 제쳐 두고 "뭐, 당신? 너 몇 살 먹었어?"라며 곧바로 핏

대를 세우는 사람 등등. 모두 나이와 무관한 꼰대에 해당한다.

없으면서도 있는 척, 잘난 척하는 20대도 많다. 이런 척하는 행동은 주로 허세와 과소비로 나타난다. 무리해서라도 메이커 옷을 입고 소득 수준을 넘는 차를 몰고 다니는 젊은 세대들이 있다. 이 모두 꼰대의식이 바탕에 깔린 행동이다.

만약 당신이 20~30대이면서 이런 행동에 빠져 있다면 젊은 꼰대에 해당한다. 생활의 중심이 '나'가 아닌 다른 사람의 눈에 가 있기 때문이다.

직설적으로 묻건대 위에서 언급한 꼰대의식이 도대체 나에게 무슨 이익이 되나. 아랫사람을 권위로 누르고 잘난 척하고 명품을 휘감고 산들 내게 돌아오는 건 허세 외는 아무것도 없다. 오히려 그걸 유지하느라 허풍과 지출만 늘 뿐이다.

직장에서 워라밸을 이루고 싶다면 꼰대의식은 퇴치 대상이다. 꼰대의식을 버리는 순간 동료나 후배와의 소통은 오히려 배가될 것이다. 인간적으로 다가서는데 배척당할 이유가 없다. 계급의식을 넘어 마음으로 소통하고자 하는데 누가 외면하겠는가.

그러면 내가 무시당할 수 있다고 생각할지 모르겠다. 그때의 답은 정해져 있다. 정직한 소통을 악용하는 상대라면 사무적인 관계로 족하다. 그런 소인배는 시간이 지나도 내 인생에 도움이 되지 않는다. 오히려 나를 이용하려 들 것이다. 꼰대의식. 부디 당신과는 무관한 단어이기를.

외국의 보통 사람들은
여가를 이렇게 보낸다

재충전이 있는 여가

한국을 좀 오래 경험한 외국인들은 한국 사람을 일컬어 '워커홀릭(worker + alcoholic, 일중독자)'이라며 손사래를 친다. 그건 기계적인 삶이지 인간다운 삶이 아니라는 비판이다. 그들은 확실히 우리보다 적게 일하고 많이 쉰다. 그럼에도 우리보다 잘산다. 그 비결은 무엇일까? 적게 일하고도 더 잘산다면 일의 효율성이 높기 때문일 것이다. 그럴 수 있는 데는 여러 이유가 있겠지만 잘 쉬는 것도 한몫한다는 생각이다.

우리나라와 서구인의 여가 사용과 재충전에 관한 연구를 담은 《노는 만큼 성공한다》의 저자인 문화심리학자 김정운 교수의 주장은 새겨들을 만하다. 김 교수는 <여가의 삶과 질에 대한 비교연구>라는 논문에서 한국과 독일 대학생 각각 300명 이상을 조사한 결과를 발표했는데 여기에 흥미로운 결과가 있다. 즉, 한국 대학생들은 여가를 게임, 웹서핑, TV 시청 등과 같은 활동으로 보내는 반면 독일 대학생들은 조깅, 헬스, 수영과 같은 적극적 활동에 가장 많이 할애하더라는 것이다.

그의 논문에 의하면 독일 학생들에게 여가는 삶의 질을 높여주는 것으로 나타났으나 우리나라 학생들에게는 그렇지 못했다. 여가가 주어져도 잘 활용하지 못해 삶의 질이 개선되지 않는다는 것이다.

왜 이런 결과가 나타날까? 이는 우리나라와 독일의 여가에 대한 인식 차이에서 비롯된다. 독일 학생들은 여가를 본인의 능력을 개선하는 유능 동기로 인식하는 반면 우리나라 학생들은 그저 쉬는 휴식 동기로 인식하기 때문이라는 것이다.

김정운 교수의 논문에서 가장 크게 드러난 대비점은 원하는 여가를 지내는 것과 그러지 못한 것의 차이라고 느껴진다. 물론 여건의 차이도 있겠지만 독일의 경우 여가가 주어졌을 때 원하는 것을 하며 시간을 보낸다. 그래서 충분한 재충전이 일어나고 이것이 일의 효율로도 이어질 수 있다.

반면 우리나라의 경우 지나친 경쟁사회가 마음의 여유를 앗아가 여가 활용에 대한 인식부터가 떨어지는 것 같다. 그러다 보니 여가가 주어져도 단순 휴식에 그친다. 이래서는 휴식을 하더라도 충분한 재충전으로 이어지지 않는다.

영화 속 미국인들의 여가 모습은 리얼이다

미국인들이 여가를 지내는 모습은 영화를 통해서도 흔히 표출된다. 정원을 가꾸고(웬만한 미국 집에는 정원이 있다), 아빠가 아이 침대에서 책을 읽어 주고, 부부끼리 공원을 산책하고, 지인들을 초대해 가벼운 파티를 열고, 아내는 안 깼는데 남편이 먼저 일어나 요리를 하고, 휴일이면 집이나 차를 손보고 하는 일들은 영화 속의 단골 장면이다.

교포들의 증언도 다르지 않아서 미국인들은 크게 돈 들이지 않고도 여가를 다양하게 활용한다.

여가가 주어지면 자신이 좋아하는 뭔가를 하며 시간을 보내는 것이다. 그러다 주말이 되면 장거리 하이킹이나 서핑 등 저마다의 방법으로 레저를 즐긴다. 이렇듯 여유 있는 여가라면 굳이 애쓰지 않아도 재충전으로 연결될 것이다.

서구인들의 여가 활동에서 또 하나 주목할 것은 밤늦게까지 바깥에서 시간을 보내지 않는다는 점이다. 아마도 저녁시간을 가족과 함께하는 문화에 익숙하기 때문인 것 같다.

술문화도 달라서 서구인들은 우리처럼 죽기 살기로 술을 마시지 않는다. 그들은 맥주 한두 잔을 마시며 1시간이고 2시간이고 대화를 즐긴다. 술이 목적이 아닌 대화가 목적인 셈이다.

휴가문화 또한 우리와 확연한 차이를 보인다. 이탈리아인들은 한 달 이상의 여름휴가를 즐기는데 이를 위해 1년을 일하는 걸 당연하게 생각한다. 프랑스인들은 간소하면서 낭만적인 휴가를 즐기며, 독일인들은 실용적인 여름휴가를 계획한다. 여름휴가 기간을 자기계발이나 자녀교육의 기회로 삼는 것이다.

서구인들의 여가 활용에서 배울 수 있는 점은 이 시간에 자신이 원하는 것을 한다는 것과 가정 중심의 여가문화다. 인간은 자신이 원하는 것을 할 때 큰 에너지를 얻을 수 있다.

인간이 가장 큰 힘을 얻을 수 있는 곳은 가정이다. 인간은 사랑을 먹고사는 동물이라 하지 않던가. 서구인들은 여가 때 원하는 것을 하고 가정에서 쉼을 가지며 가족의 사랑을 먹으면서 에너지를 재충전한다. 그 힘으로 다시 일을 하니 일의 능률이 오를 수밖에 없다. 이것이 우리가 서구인들의 여가 활동에서 배워야 할 점이다.

나는 결국
허겁지겁 살고 있다

돈보다 더 소중한 것을 찾아야 한다

직장인들과의 대화에서 제일 연민을 자아내게 한 것은 '먹고 살기 위해서'라는 말이었다. 수입은 뻔한데 돈 쓸 곳 많은 삶을 뭉뚱그려 그렇게 드러냈다.

이해 못할 얘기는 아니다. 남들처럼 그럴듯한 아파트에서 살고 좋은 차도 굴려야 하는 데다 자녀 사교육비까지 더해지면, 일단 이 세 가지만으로도 어깨가 짓눌린다. 그것에 더해 대출 변제, 통신비, 보험료, 생활비 등이 나갈 것이고, 부정기적으로는 각종 모임비, 명절, 우리만의 문화인 지인들의 경조사 챙기기 등 대충 잡아도 지출 요소가 너무 많다.

겉으로 드러내지 않을 뿐 마이너스 통장, 카드 대출 이용자도 매우 많을 것 같다. 한순간도 돈 걱정 안 하고 넘어가는 날이 없다. 그러니 삶에 여유가 없다. 친구도 만나야 하는데 마음의 여유가 없으니 먼저 연락하는 일이 뜸해지게 된다. 나만 그런 게 아닌지 언제부턴가 보기 어려워진 친구들이 적지 않다.

이런 상태라면 일하는 것 외에 다른 생각이 끼어들 여지가 없다. 설령 여가가 주어진다 해도 집에서 그저 쉬기 십상이다.

그 정점에 있는 주위의 40~50대를 보라. 정신없이 사는 게 몸에 배어 버렸다. 지금부터라도 달라지지 않으면 평생을 그런 모습에 끌려간다. 물질에 대한 추구는 끝이 없다. 때문에 끝까지 예속될 수 있다.

우리가 도시의 하루를 허겁지겁 살아가는 것이 경제 때문으로 보이지만 그 이면에 도사리고 있는 것도 있다. 체면이식과 비교의식이 그것이다.

서양인은 죄의식으로 살고 동양인은 체면의식으로 산다는 말이 있다. 물론 이것은 기독교와 유교의 산물로 죄의식은 관용을 생산하지만 체면의식은 비교를 만들어 낸다. 그래서 동양인은 서양인에 비해 유독 비교에 시달리며 자신으로 살아가지 못한다. 이런 의식이 한국인에게서는 특히 강하게 드러난다.

따지고 보면 우리는 지금까지 나로 살아 본 적이 없다. 어린 시절에는 부모님의 뜻이 기준이었고, 학창시절에는 학교가 내 배움의 기준이었다. 사회인이 되어서는 사회에서 던져지는 집단무의식이 내 삶의 방향이었다. 그 어디에도 타인만 있었지

'나'는 없었다.

멍에에 매인 소처럼 우리는 자신의 뜻과는 상관없이 부모, 학교, 사회가 이끄는 대로 살았다. 이렇게 자라 왔기 때문에 사회에 나와서도 자신이 하고 싶은 일을 하지 못한 채 살아가고 있다.

틀을 깨야 한다. 돈을 무시할 수는 없지만 가장 소중한 건 아니다. 그런 틀을 깨자면 소중한 것의 순서를 바꿔야 한다. 일, 돈보다는 나를 사랑하는 것으로, 내 삶의 가치성을 찾는 것으로! 그러지 못하면 정신없이 살다가 중장년에 이른 윗세대와 똑같은 전철을 밟게 된다. 그렇게 나이 들고 싶지 않다면 좌고우면하기보다 판을 크게 흔들거나 뒤집는 게 정답일 수 있다.

앞의 워라밸 저울 그림에서 그 중심축이 내 삶의 가치성이라는 것을 기억하자. 돈은 삶의 한 부분이지 전부가 될 수 없다. 돈 때문에 삶의 가치성을 놓치고 사는 것만은 피해야 한다.

지금부터라도 삶의 우선순위에서 돈을 내려놓고 내 삶의 가치성을 찾는 일로 바꿔 보자. 관점 변화를 행동으로 옮기는 데 돈이 든다면 아까워 말고 쓰자. 그런 자세일 때 비로소 워라밸의 중심축을 구축하게 된다. 그 지점이 쫓기듯 수동적으로 사는 각박함에서 벗어날 수 있는 입구인 것이다.

돈이 문제의 전부가 아닐 수 있다

지금 나를 끌고 가는 것은 내가 아니라 나를 둘러싼 환경이다. 타인의 시선, 체면이 삶의 기준이 되다 보니 남들처럼 살아야 하는 것이다. 이 속에서 비교의식이 싹튼다.

남들처럼 좋은 학교, 좋은 직장을 다녀야 한다. 남들처럼 좋은 집, 멋진 자동차를 타야 한다. 남들처럼 비싼 옷을 입고 최신 스마트폰을 써야 한다. 내 기준으로는 하고 싶은 일도 체면 때문에 하지 말아야 한다. 내 기준으로는 하기 싫어도 체면 때문에 어쩔 수 없이 해야 한다. 사실 지금 우리를 옥죄고 있는 경제 문제의 근원은 여기에 있을 가능성이 높다.

왜 늘 돈이 부족한가. 돈을 벌어야 하니 일해야 하고 워라밸은 쳐다볼 여유가 없다고 생각하는가. 관점을 바꾸어 삶에서 '남들처럼'을 뺀다면 지금보다 돈이 훨씬 덜 들 수도 있다.

간단히 몇 가지만 짚어 보자. 차가 꼭 필요하지 않은 사람들도 차를 산다. 그 순간부터 매월 내야 할 차량 할부금과 유지비가 월급의 일부를 뭉텅 잘라 간다. 스마트폰은 IT 기술이 워낙 좋아져서 중가폰이어도 사용하는 데 아무 문제가 없다. 그런데도 100만 원이 넘는 고가폰을 할부로 산다. 친구들과 만날 때 더 폼 나는 것 같아서. 요금도 값비싼 '데이터 무제한'으로 선택해 틈만 나면 동영상 시청과 게임에 돈을 바친다.

부정기적인 지출 요소도 많다. 점퍼, 가방, 운동화 등의 용품도 할 수만 있다면 비싼 것을 찾는다.

자동차, 스마트폰, 고가의 용품, 이런 것들에만 실용적으로 접근해도 당신의 경제는 훨씬 더 여유 있을 것이다.

또, 우리나라만큼 세리머니 많은 나라도 없는 것 같다. 밸런타인데이, 로즈 데이, 뮤직 데이, 쿠키 데이, 꺾어지는 날마다 챙기는 커플 기념일 등 인터넷에 떠도는 것만도 50여 가지나 된다. 대부분 상술이 만든 이벤트이지만 부담을 느끼면서도 따라 한다. 한 가지 더. 아이들의 생일은 왜 그렇게 요란하게 차려 줘야 하는지. 수십 명의 친구들을 불러 패스트푸드 파티를 여는 것이 문화처럼 자리 잡고 있다.

이렇게 살려다 보니 더 많은 돈이 필요하다. 그래서 나의 모든 에너지를 경제를 얻는 데 다 투자하다 보니 삶에 허덕일 수밖에 없다.

이제 타인의 시선, 체면의 굴레에서 빠져나와야 한다. 허례허식적인 소모를 줄이고 나의 존엄성, 나의 가치를 찾는 데 시간과 비용을 투자해야 한다. 사람은 타인의 시선으로 살기 위해 태어난 게 아니다. 나의 가치를 구현하기 위해 이 땅을 밟고 있다.

어떻게 하면 잃어버린 나를 찾을 수 있을까? 자신이 좋아하는 것, 하고 싶었는데 못하고 있는 것에서 그 힌트가 나올 수 있다. 관성대로 살아가는 지금의 나보다 사실은 좋아하는 일에 진짜 내 가치성이 숨어 있을 가능성이 높기 때문이다.

정말 하고 싶었는데 못하고 있는 일이 있다면 그것을 실행할 방법을 궁리해 보자. 그것만큼은 타인의 시선, 체면에서 벗어나

나를 위한 투자여야 한다. 다음 장에서 그 실행 방안을 제시할 것이다.

물론 하루아침에 평생 가져왔던 체면의식을 벗는다는 건 쉽지 않다. 하지만 나를 그토록 옥죄었던 경제가 체면 때문이었다면 반드시 재고해 볼 필요가 있다. 체면의식의 문제는 나를 찾기 위한 노력으로 점점 벗어날 수 있다. '남'이 아닌 '나'로 사는데 돈이 그리 많이 필요하지 않다면 경제에 쫓기는 삶에서도 벗어날 수 있다.

이런 말이 당장 빚에 쪼들리는 사람들의 귀에는 공허한 메아리로 들릴 수 있다. 그럼에도 불구하고 현재 쪼들리는 사람 역시 빚을 갚기 위해 최선의 노력은 하되 삶의 중심만은 내 삶의 가치성을 찾는 일에 두라 말하고 싶다. 지금 빚에 쪼들리는 것도 사실은 내 삶의 문제를 수정하지 않았기 때문일 가능성이 높다.

이제 현실을 직시하고 자신을 돌아보자. 위에 나열한 이야기들과 무관치 않다면 당신은 허겁지겁 정신없이 살고 있는 것이다. 여기에서 벗어나고자 답을 찾는 방법에는 두 가지가 있다. 답안으로 가고 있으면서 부분적으로 문제가 있다면 현재의 길에서 수정하는 것이다. 그게 아니고 길이 옳지 않다면 송두리째 뒤집는 것이다. 당신은 어느 쪽인가. 워라밸 관점에서 틀렸다고 생각된다면 완전히 다시 생각해야 한다.

제4장

지금이라도
행동으로
변하라

워라밸 저울의 비밀,
그리고 제일 소중한 일

1단계 - 워라밸 조건 항목들 만들기

언론에서 보도되는 워라밸은 직장인들의 여가 확보에 방점이 찍혀 있는 듯하다. 하지만 앞서 이야기했듯 워라밸의 의미는 단지 여유 시간의 확보가 아니라 궁극의 행복 추구에 있다. 그러자면 나만의 워라밸 개념 정립이 필요하다. 다음처럼 단계별 계획을 짜 보자. 이어서 제시한 그 방법론도 자신에 맞게 활용해 보자.

- 1단계: 나의 워라밸을 위한 준비.
- 2단계: 내가 진정으로 좋아하는 것을 찾는다.
- 3단계: 워라밸을 위한 구체적인 계획표를 짠다.
- 4단계: 나를 위한 가치 실천의 확인.

만약 3단계까지의 계획이 정립된다면 당신은 워라밸에 근접할 발판을 마련한 셈이다. 그럼 어떤 식으로 단계별 접근을 이룰까.

언젠가 아프리카에서 오신 목사와 이야기를 나눌 기회가 있었다. 그런데 서울에 대한 그의 첫인상은 '너무 여유 없이 각박하게 살아간다'였다. 서울에서 살고 있는 사람들은 잘 못 느끼지만 타 지역에서 온 사람들은 이미 느낌으로 각박함을 알아챈다. 먹고사는 데 쫓기는 삶을 살고 있는 까닭이다. 이런 상태에서는 여유가 생겨도 잘 쉬지 못한다.

현재 일에 절대적 시간을 투자해야 하는 상황에 있다고 해도 워라밸을 포기할 수는 없다. 여가를 확보하기 위한 단기, 장기적 계획을 세워야 한다. 건강 때문에라도 언제까지 바쁘게만 살수는 없지 않은가.

물리적으로 바쁜 시간에 놓여 있는 당신에게 자신만의 여가 확보 방법을 소개한다. 먼저 1단계. 워라밸을 위한 준비로 다음 빈칸에 평소 원하는 것, 하고 싶은 것이 무엇인지 적어 보라. 또, 행복한 생활을 위해 가까운 사람들과의 관계 설정에 대해서도 적어 보라.

더불어 각각의 목록 옆에 그것을 하기 위한 시간도 배정해 보라. 매일이 곤란하면 주간 단위로 정해도 괜찮다. 하고자 하는 의지와 실천이 중요하므로.

▲ 내가 원하는 것, 하고 싶은 것(목표, 취미생활, 자기계발 등)

1. _____ [시간] _____

2. _____ [시간] _____

3. _____ [시간] _____

▲ 인간관계를 위해 필요한 것(가족, 직장, 사회 등)

1. _____ [시간] _____

2. _____ [시간] _____

3. _____ [시간] _____

이해를 돕기 위해 예시를 들면 다음과 같다.

※ 내가 원하는 것, 하고 싶은 것

1. 자기계발: 영어공부 [시간] 매일 저녁 1시간

2. 취미생활: 등산 [시간] 매주 토요일 오전

3. 건강관리: 걷기 운동 [시간] 매일 아침 30분

※ 인간관계를 위해 필요한 것

1. 가족: 대화, 함께하는 활동 [시간] 저녁식사 때 대화, 토요일 오후엔

　　같이 운동 및 외식

2. 직장(동료): 주 1회 만남 [시간] 금요일 저녁

3. 사회(친구): 가끔의 연락과 월 1회 만남 [시간] 점심시간 통화, 마지막 주 만남

2단계 - 내가 무엇을 제일 좋아하는지 찾아라

1단계 계획이 완성되었다면 다음은 2단계를 위한 자아 확인하기다. 바로 진정으로 좋아하는 일을 찾는 것이다. 이에 대한 이해를 돕기 위해 이 책에서 강조하는 워라밸의 개념을 다시 한 번 보도록 하자. 이른바 워라밸 저울 그림이다.

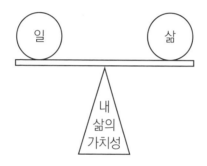

여기서 가장 중요한 것이 중심축을 이루고 있는 내 삶의 가치성이라고 했다. 그런데 이 가치성이라는 것이 하루아침에 만들어지지는 않는다. 이를 어떻게 발견할 수 있을까? 바로 내가 '좋아하는 것', '소중하게 생각하는 것'에서 찾을 수 있다. 사실 이것이 신이 인간에게 꿈을 준 까닭이기도 하다. 꿈을 통해서 우

리를 행복하게 해 주려고 꿈을 준 것이다. 이것이 곧 가치 있는 삶이다.

좋아하는 것과 소중한 것은 같은 것일 수도 있고 별도의 두 가지일 수도 있다. 상관없다. 여기서는, 전자는 나를 가장 행복하게 하는 일, 후자는 내 인생을 더 풍요롭게 할 미래적인 일로 나누어서 찾아볼 것을 제안한다. 미래적인 일을 약간 더 구체적으로 말한다면 나의 발전을 위한 무엇일 수도 있고 언젠가의 제2의 인생을 위한 준비일 수도 있다.

자신의 가치성을 찾는다는 것은 이 두 가지를 찾는 일이다. 다음에 직접 그것을 적어 보라.

▲ 내가 좋아했거나 좋아하는 것

1. _____

2. _____

▲ 내게 소중하다고 생각하는 것

1. _____

2. _____

처음에는 각 항목에 대해 생각나는 대로 최대한 여러 가지를 적어 보자. 그다음엔 상대적으로 덜 중요하다고 생각되는 것 하나씩을 지워 나가면 된다. 이렇게 해서 마지막으로 남는 하나가 내가 가장 좋아하는 것이요, 내게 가장 소중한 것이다. 딱 하나만을 정하기 어렵다면 두 가지여도 괜찮다.

3단계 – 소중한 일에 시간을 고정 배정하라

가장 좋아하거나 소중한 일을 찾았다면 이제부터는 자신이 사는 중요한 바탕으로 삼자.

다음으로 할 일은 그것을 행동으로 구현하기 위한 구체적인 계획을 짜는 것이다. 아래에 계획표를 예시했으니 활용하거나 자신만의 양식을 만들어서 적으면 된다.

적는 방식은, 예를 들어 피트니스를 본격적으로 하기로 했다면 연간, 월간, 주간별로 이룰 목표와 그 기간마다 세부적으로 수행할 것들을 칸마다 넣어 보는 것이다. 의외로 기입할 내용이 많을 것이다. 코치를 통해 지도 받기, 연간·월간·주간별 목표(체중, 체지방지수, 근육량 등), 운동 시간 배정, 주로 이용할 기구와 운동 횟수, 목표별 마감시간 정하기 등이 그런 것들이다.

또 다른 예로 영어를 더 익혀서 번역을 제2의 직업으로 준비하고 싶다는 목표를 세웠다 치자. 역시 위처럼 기간별 목표와 그 기간에 수행할 것들을 적으면 된다.

이 정도면 기입 방식에 대해 충분히 이해했을 테니 이제는 실제로 자신만의 계획표를 한번 완성해 보자. 연간 목표는 1~12

월의 칸에 한꺼번에 포괄적으로 기입하고, 월간 목표와 주간 목표는 그달, 그 주가 시작되기 전에 구체적으로 기입하는 방식이 적절하겠다.

■ 나의 가장 소중한 일, 나의 꿈

1. 좋아하는 것:

2. 소중한 것:

■ 소중한 일을 위한 연간 목표

월별	목표	마감시간	평가
1~2월	※지면상 2개월 단위로 짰으나 매월 단위로 짜도 된다.	※목표의 완수 예정일로, 목표에 쓴 항목마다 적자.	
3~4월			
5~6월			
7~8월			
9~10월			
11~12월			

■ 소중한 일을 위한 월간 목표[월]

주별	목표	마감시간	평가
1주 차			
2주 차			
3주 차			
4주 차			
5주 차			

■ 소중한 일을 위한 주간 목표[주]

일차	목표	마감시간	평가
월			
화			
수			
목			
금			
토			
일			

4단계 - 나를 위한 가치 실천의 확인

좋아하는 것, 소중한 것과 관련한 연간 목표는 항목이 너무 많지 않도록 5개 이내로 하자. 너무 많으면 부담스러워 중도에 포기할 수 있다.

그리고 반드시 마감시간과 평가란을 두어야 한다. 그 이유는 마감시간이 동기부여가 되어 두루뭉술한 목표를 설정하지 않을 수 있고, 평가는 실천력을 더해 줄 수 있기 때문이다. 10점 만점을 기준으로 1~10점 사이에서 정직하게 매기면 된다.

월간 목표, 주간 목표도 같은 방법으로 작성하면 된다. 다만 가까운 날짜인 만큼 좀 더 세세히 쓰자. 소중한 일 하부에는 당장 해야 하는 일과 기타 일을 배치해 시간 관리를 하면 좋다.

마지막은 4단계에 해당하는 '나를 위한 가치 실천의 확인'이다. 이는 연간, 월간, 주간 목표에 기입한 것을 정기적으로 살펴서 목표대로 잘하고 있는지 점검하는 것을 말한다.

지금까지 살아온 방식을 깨고 새로운 관성을 만드는 워라밸 계획 실천이 어찌 쉽겠는가. 그런 만큼 의지를 이어 가기 위해서라도 자주 점검할 필요가 있다. 중도에 이탈되고 있다고 생각될 때 계획표대로 돌아가는 데도 점검은 도움이 될 것이다.

이렇게 시간과 노력을 투자하다 보면 당신은 어느새 워라밸러에 가까이 다가가 있을 것이다.

직장을 목적으로 삼지 마라

직장이 전부가 되면 끝이 허망해진다

우리나라 사람들은 직장이 삶의 목적이 되어 있는 경우가 많다. 여가엔 별 관심도 없는 듯 직장에 몰두한다. 근로복지공단에 들어오는 과로사 산업재해 신청 건만 봐도 '사고사가 아니고 과로사가 이렇게나 많이?' 하는 생각이 든다.

근로복지공단에 따르면 지난 2010년 이래 2018년까지 공단에 접수된 과로사 산재 신청은 총 5,609건으로 연평균 620여 건 이상 꾸준히 발생했다. 참고로 업무상 사유로 발생한 사망, 부상, 질병 등을 합한 연간 총 산재 신청은 2018년 경우 13만 8,576건이나 되었다.

과로사 산재 신청을 한다고 모두 국가로부터 인정받는 건 아니어서 승인율은 30%를 조금 넘는다. 과로사로 인정받지 못한 경우일지라도 근로자들의 돌연한 죽음이 업무상 과로와 무관하지 않을 것으로 보인다.

우리나라 과로사의 주체는 40~50대 남성이다. 아직 건장할 나이련만 오직 직장에만 매달려 일하다가 유명을 달리하는 것은 안타깝기 그지없다. 과로사는 다른 직장인에게 해당되지 나와는 상관없는 일일 것 같지만 실상 누구도 과로사에서 자유로울 수 없다. 본인이 자각하든 아니든 과로사 후보군에 들어가 있을 수 있기 때문이다. 직장이 중요하고 열심히 일해야 하는 건 맞지만 이렇게 허무하게 가 버리면 그 인생도 가련하거니와 남은 가족들의 슬픔과 현실의 짐은 어떡해야 한단 말인가.

이제는 이런 악순환에서 빠져나와야 한다. 직장이 중요하다 해도 삶의 전부가 되어서는 안 된다. 삶의 구성 요소에는 직장도 있고 가정도 있고 친구도 있고 사회도 있다. 중요도 또한 어느 하나에 치우칠 수 없다. 가정이 중요한지 직장이 중요한지 따지는 것은 우문이다. 둘 다 중요하고 소중하니까.

그 사이에서 가장 소중히 해야 할 것은 따로 있다. 바로 내 삶의 가치성이다. 이를 중심으로 가정과 직장, 사회에 중요성을 적절히 배분할 수 있어야 한다. 개인의 행복을 위해서라도 이런 방향으로 가야 비로소 과로사 같은 비극도 줄어들 수 있을 것이다. 이는 곧 워라밸이 꿈꾸는 사회의 모습이기도 하다.

워라밸로 가는 길을 넓히려면 하루 중 많은 시간을 보내는 직장에서부터 변화를 일으켜야 한다. 성과를 위한 경쟁, 업무적인 피로, 상사나 동료들과의 관계 등 여러 복합적인 요소들이 공존하는 곳이기 때문이다. 그로 인해 개인시간을 침해받거나 스트레스 요인이 된다면 워라밸은 그만큼 멀어지게 된다.

먼저 일과 관련해서다. 직장인 중에는 자신이 맡고 있는 일을 나 아니면 안 된다고 생각하며 열심히 하는 사람들이 많다. 훌륭한 근무 자세이면서 동시에 바보 같은 생각이다. 착각하지 마라. 당신의 자리를 대신할 수 있는 사람은 트럭으로 실어 나를 수 있을 만큼 많다.

당신이 그 분야의 정말 중요한 인재일 수 있다는 것을 부정하는 건 아니다. 하지만 자신의 역할을 과신해 연봉 인상 싸움을 하다가 회사를 나가게 되는 사람 여럿 봤다. 회사는 어느 자리든 늘 대안을 생각하고 있고, 선을 넘으면 대타를 기용한다. 이직을 통해 더 좋은 대우를 받을 수도 있겠지만 씁쓸한 퇴사다.

일에 대한 지나친 열정은 시야를 좁게 할 수 있다. 직장을 목적으로 삼아서는 안 되는 이유다. 야구의 좋은 선발투수는 전력투구보다는 기본적으로 6회까지는 던지겠다는 자세로 완급을 조절하며 마운드를 운영한다. 직장생활 역시 무작정 달리는 돌쇠형이 되어서는 곤란하다. 그런 사람은 워라밸과도 거리가 먼

생활을 한다.

이번에는 상사, 동료 등 회사 내 사람들과의 관계 문제다.

신입사원들을 통해 바깥의 청년문화가 회사 내로 꾸준히 유입되면서 직장문화도 많이 바뀌었다. 회식문화를 예로 들어 보자. 참석과 음주를 강권하는 분위기는 분명 많이 줄어들었다. 그럼에도 불구하고 회식도 근무의 연장이라고 생각하는 사람들이 아직 많다.

신세대 젊은 사원들은 나이 든 간부들과 함께하는 이런 시간이 곤혹스럽다. 무엇보다 퇴근 후 저녁의 개인시간을 침해받는다는 피해의식이 내재한다. 돌출적인 행동을 하기가 부담스러워 참석은 하지만 그럴수록 시간 낭비라는 생각을 지울 수 없다.

만약 당신이 워라밸을 꿈꾼다면 이제는 NO 할 줄도 알아야 한다. 워라밸에서 반복적인 시간 낭비는 정말 아까운 일이므로. 그렇다고 감히 어떻게 NO 할 수 있단 말인가.

이런 식으로 해 보자. 직장 내에서 내 삶의 가치성을 드러내는 것도 한 방법이 될 수 있다. 퇴근 후의 스케줄에 대해 주변에 넌지시 알리는 것이다. 이를 위해 다음처럼 말할 수 있다.

"틈틈이 그림을 그리고 싶은 꿈이 있어 저녁에 동호회 회원들과 같이 공부하고 있어요. 그동안 삶이 우울했는데 그림 공부를 하니 활력이 솟는 것 같아요."

"중국어를 익히고 싶어 학원에 등록했어요. 저녁시간에 하는 거라 앞으로는 회식 자리에 잘 못 갈지 몰라요."

이때 중요한 것은 당신의 그런 모습이 동료들에게 진정으로 전해져야 하고, 공감까지 받는다면 더 좋다. 그렇게 차츰 이해를 넓혀 가면 회식 때 빠지더라도 이해받을 수 있다.

참지 말고 방법을 찾아라

직장인들은 회사 내에서의 갈등 해소를 위해 어떤 방법을 선택할까? 인크루트의 직장인 대상 설문조사에는 동료와의 갈등 해소 방법에 대한 결과도 있다.

직장 동료와의 갈등 해소 방법

순위	방법	비율
1위	스트레스를 주는 동료나 불편한 상황을 피한다	26.7%
2위	그냥 참는다	21.4%
3위	짜증을 내는 등 간접적인 방식으로 눈치를 준다	18.%
4위	다른 동료 및 상사에게 고민을 털어놓는다	12.4%
5위	해당 동료에게 문제점을 직접 말한다	9.6%
6위	퇴사를 고려한다	9.2%

당신은 어떤 방법을 사용하는가? 필자의 경우를 돌아보면 첫 번째와 두 번째의 방법을 주로 사용했던 것 같다. 주변에서 직장 동료와의 갈등으로 인해 회사를 옮기는 사람도 제법 보았다.

그렇다면 어떻게 하는 게 가장 지혜로울까? 일단 피하거나 그냥 참는 방법이 있다. 이런 식의 대처는 임시방편으로 쓸 수는 있으나 똥 피하려다 더 큰 똥 만난다는 말도 있듯 근본적 해법은 아닌 것 같다. 짜증을 내는 등 간접적인 방식으로 눈치를 주거나 해당 동료에게 문제점을 직접 말하는 것도 조심스럽다. 잘못하면 더 큰 다툼으로 번질 수 있기 때문이다.

다른 동료 및 상사에게 고민을 털어놓는 것이 그나마 좋은 방법일 수 있다. 그러나 이 역시 잘못해 소문이 나면 더 큰 화를 불러올 수도 있다. 퇴사는 최후의 방법이니 일단 보류하기로 하자.

결국 위 설문에서 나온 어떤 방법도 근본적인 문제 해결책이 되기에는 부족하다. 그렇다면 도대체 어떤 방법이 가장 현명할까?

지금은 정보의 시대다. 내가 고민하고 있는 갈등은 이미 다른 사람들이 거쳐 간 문제인 경우가 많다. 그들도 당신처럼 고민하다가 나름의 답을 얻어 인터넷이라는 공간에 공유해 놓았다. 자신이 스트레스를 받고 있는 문제를 인터넷에서 검색해 보라. 하나씩 읽다 보면 다양한 해법을 만날 수 있다. 경험을 토대로 한

힌트가 더 실질적이지 않을까.

회사 내에 마음을 터놓을 수 있는 내 편을 만들어 두는 것도 좋다. 회사 내의 분위기는 물론 갈등을 주는 상대에 대해서도 알고 있으니 조언을 구하기에 좋은 사람이다. 그런 동료라면 바깥 사람보다 더 효율적인 방안을 찾아낼 가능성이 높다. 또, 어쩌면 당신이 잘못 판단하고 있음을 깨닫게 해 줄 수도 있다.

직장에서의 스트레스에 대해 혼자 고민하고 그저 꾹 참는 것은 가장 좋지 못한 방법이다. 어느 날의 돌연한 폭발이나 더 큰 갈등의 원인이 될 수도 있다.

타인과의 소통법을 바꾸라

가정과 직장은 별개가 아니다

앞 장과 연동되는 부분일 수 있으나 대인관계 등 사람들과의 소통 방식에 무게를 두고 이야기해 보려 한다.

늘 보는 사람과의 관계가 원활하지 않다면 마음이 편할 수 없다. 대표적으로는 직장, 가정에서의 불화다. 그런 상태에서는 워라밸을 수행해 나가기가 어렵다.

취업포털 인크루트가 '동료 스트레스'에 대한 설문조사를 실시했는데 무려 93.3%의 직장인이 직장 동료로 인해 스트레스를 받거나 그런 경험이 있다고 답했다. 구체적으로는 직장생활이 힘든 이유가 업무 때문이라기보다 인간관계 때문이라는 볼멘소리도 나온다.

그렇다면 직장인들은 왜 동료로 인해 불편을 느낄까? 다음은 같은 조사에 나타난, 스트레스를 주는 동료의 유형이다.

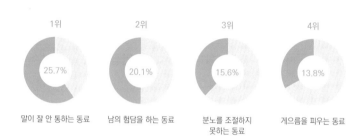

가장 비호감인 동료 유형

1위	2위	3위	4위
25.7%	20.1%	15.6%	13.8%
말이 잘 안 통하는 동료	남의 험담을 하는 동료	분노를 조절하지 못하는 동료	게으름을 피우는 동료

　어떤가. 이런 직장 동료로부터 받는 스트레스는 고스란히 업무에 영향을 미친다. 95%의 사람들이 동료로 인한 스트레스가 업무 성과에 영향을 미친다고 답했다.

　직장에서의 불편함보다 더 위험한 갈등을 유발하는 곳은 가정이다. 부부 간의 성격 차이, 경제적 문제, 자녀교육 방식, 자녀와의 불화 등으로 편치 않은 사람이 많다. 가정의 갈등은 일에도 영향을 미쳐 나쁜 쪽으로 확대 재생산되기 쉽다.

　2014년 영국의 이스트 앵글리아 대학교와 스페인의 국립마드리드 콤플루텐세 대학교는 공동으로 가정 갈등과 직장 갈등의 상관관계에 대해 연구 조사한 적이 있다. 이 연구에서 그들은 "가정 문제에 대한 걱정으로 업무에 전념할 수 없게 되면 짜증을 잘 내게 되며, 이런 점이 동료를 향해 부정적인 반응을 유도하게 된다. 그리고 다시 집에 돌아오면 배우자와의 갈등이 증폭된다.”라는 결과를 얻었다. 즉, 갈등은 마치 고리로 묶여 악순환을 되풀이하는 것과 같다는 것이다.

이런 상태에서는 ‘워크’와 ‘라이프’가 모두 취약해질 수 있다. 워라밸이 자라기 어려운 환경이다. 그런 만큼 사람들과의 소통법을 익히는 것은 워라밸을 위한 기초를 다지는 일로 중요하다.

타인과 원활히 소통하려면?

주변 사람과의 소통에 문제가 생겼을 때 해결을 위한 두 가시 방법이 있다.

첫째는 문제의 원인을 남에게서 찾는 방법이고, 둘째는 그 원인을 나에게서 찾는 방법이다. 그런데 대부분의 사람들은 전자의 방법을 사용하려 든다. 하지만 이는 현명한 방법이 못 된다. 내가 원하는 방식대로 상대가 따라 주어야 하는데 이미 갈등상태에 있는 상대라면 그도 내가 자신에게 맞춰 줄 것을 바라고 있기 때문이다. 그런 만큼 이런 식의 접근이어서는 문제 해결이 결코 쉽지 않을 것이다.

반대로 문제의 원인을 나에게서 찾는 방법은 어떨까? 두 사람 간의 불통은 대개 한쪽의 일방적인 잘못만으로 일어나지 않는다. 아주 이기적인 사람이 아니라면 서로의 이해가 달라서 갈

등이 생기는 법이다. 따라서 내게도 상대가 다가오지 못하게 하는 문제가 있을 수 있다.

이런 자세로 접근한다면 상대에 대한 이해의 폭이 넓어져 내가 양보할 수 있는 범위도 보일 것이다. 그런 태도는 상대에게도 전달되어 서로가 고집을 푸는 계기가 될 수 있다. 설마 할지 모르나 그런 이심전심이 일어날 수 있는 게 인지상정이다. 당신도 그런 해법을 이미 경험했을 수 있다. 얼마간이라도 양보하면서 들어오는 상대로 인해 관대해졌던 자신을.

상대에 대한 양보는 실질적이어야 한다. 얻고자 하는 게 10개라면 7개 정도를 제시한 후 협의를 통해 5개만 얻어도 성공이라고 생각하는 게 옳다. 당신도 양보한다는 인식을 주어야 상대도 양보하는 명분이 선다. 협상법의 기본이다.

상대가 있는 게임에서 100% 다 얻는 그런 소통은 없다. 못얻은 것을 아쉬워하지 마라. 불통의 벽이 허물어지면 기회는 또 온다. 그때 나머지를 얻을 수 있는 게 협상의 묘미다.

첫 번째 방법도 두 번째 방법도 안 통하는 사람은 어떻게 해야 할까. 끝내 소통이 되지 않는 사람이라면 포기하고 다른 상대를 찾는 게 차라리 낫다. 세상 사람을 다 설득하면서 살 수는 없다. 도무지 생각이 좁혀지지 않거나 내 능력으로 감당할 수 없는 상대와 억지로 소통하려다가 자신만 다치는 최악의 결과를 부를 수도 있기 때문이다.

서로 너무 뜻이 안 맞는 사람은 당신과 친구나 파트너가 될 수 없는 사람이다. 그가 아니어도 당신과 콤비를 이룰 사람은 세상에 많다. 맞지 않는 사람에게 굳이 연연하기보다는 잘 맞는 사람 중심으로 관계를 만들어 가는 게 현명하다.

내 안의 꼰대의식을 버려라

우월의식에서 수평적 의식으로

앞에서 꼰대의식의 폐해에 대해 이야기했다. 겉치레에 빠져 살고, 상대가 요청하지도 않는데 가르치려 들고, 자기주장만 내세우는 사람이라면 설령 젊더라도 꼰대라고 했다. '삶의 가치성'이 그래서는 워라밸에 이를 수 없다. 여기에서는 꼰대의식을 어떻게 해결할 것인가에 대해 생각해 보자.

꼰대의식의 핵심은 상대에게 내 생각과 방식을 강요하는 데 있다. 그러면서도 상대를 지극히 의식해 눈치를 보며 겉치레에 빠져 사는 모순을 가진다.

또 하나는 괜한 우월의식이다. 내가 선배니까, 상사니까 더 대접받아야 한다는 의식이다. 나는 윗사람들을 그렇게 대접하고 살아왔는데 아랫사람한테 대접받지 못한다 생각하니 인정할 수 없는 것이다. 게다가 아랫사람이 나보다 유능하다면 나를 지킬 무기가 윗사람이라는 허례뿐이다. 그런 의식으로 아랫사람을 대하니 트집만 잡게 되는 것이다.

꼰대의식을 제거하는 방법으로 '역지사지 훈련'을 들 수 있다. 사람은 자기중심적으로 생각하기 쉬워서 상대 입장에서 생각해 보는 역지사지가 마음에 자리 잡으려면 훈련이 필요하다. 안 하던 것이 새로운 습관으로 내 안에 들어오기가 어찌 쉽겠는가.

현대 인권문화의 관점에서 보면 윗사람, 아랫사람이라는 개념부터가 사실 문제가 많다. 단지 먼저 태어나고 먼저 입학하고 먼저 입사했을 뿐이다. 그것으로 누구를 누르려고 하는 태도가 어떻게 먹히겠는가.

지금 선후배의 수직적 관계를 따지고 있다면 수직의 반대인 수평적 관계를 생각해 보라. 후배도 서열 관계를 떠나면 어느 집의 귀한 가장이거나 자식이고 인격적으로 대우받아야 할 존귀한 사람이다. 그런 만큼 사람을 대할 때 수직적 관계보다 수평적 관계를 소중히 여기도록 해야 한다. 그런 관점으로 타인을 대하는 습관을 들이면 누구를 만나든 꼰대 짓을 하지 않게 될 것이다.

평소 상대에게 내 방식을 강요하고 있다면 그가 주장하는 방식도 생각해 보자. 그도 나름대로 이유가 있어서 그 방식을 내세울 것이다. 사실 상대가 자기 방식을 들이밀 때 바로 맞서는 것보다 한발 물러서는 지혜도 필요하다. 그런 객관적인 태도라면 내 방식의 장단점과 상대 방식의 장단점을 차분히 비교해 볼 수 있을 것이다.

이 정도만 해도 이미 역지사지하고 있는 것이다. 그렇게 해서 상대의 방식이 옳다면 흔쾌히 받아들이고, 내 방식을 고수하게 되더라도 훨씬 설득력 있게 말할 수 있게 된다. 이런 과정을 거치면 상대의 눈에 내가 꼰대로 비칠 까닭이 없다.

만약 권위의식에 빠져 있다면 그 반대 개념인 합리, 자유에 대해 생각해 보라. 실존주의 철학자 사르트르는 '인간은 자유하기 위해 존재한다'라고 했다. 그만큼 인간에게 자유는 소중한 것이다. 그런데 그 자유를 가장 억압하는 것이 곧 권위의식이다. 그런 권위의식을 누가 좋아하겠는가.

내 자유가 소중하다면 상대의 자유도 소중한 것이다. 후배, 부하의 생각과 행동이 마음에 들지 않는다고 면박을 주고, 사사건건 지적하고, 은근히 복종하기를 강요하는 사람들이 있다. 그가 바로 당신이 아니었는지 돌아보자.

인생은 남의 눈을 위해 사는 것이 아니다

꼰대의식을 부려 봤자 사실 내게 돌아오는 이익은 아무것도 없다. 설령 상대를 굴복시켰다고 해서 당신이 얻는 게 무엇인가. 우월의식을 확인하고 싶은 속 좁은 마음일 뿐이다. 과감하게 태도를 바꾸어 보라. 칭찬해 주고 동등한 동료로 대해 주라. 상대의 자유도 인정해 주라. 그로 인해 늘 신경 쓰이던 당신의 불편한 마음도 던져 버리라.

당신의 변화에 후배, 부하는 어떻게 나올까. 그도 한국 사회에서 나고 자란 사람인 바 선후배문화를 모르진 않을 터이므로 이전보다 우호적인 태도를 취할 것이다. 물론 여전히 '싸가지' 없는 후배일 수도 있다. 그래도 얻는 건 있다. 그로 인해 늘 신경 쓰이던 당신 자신의 불편하던 마음을 던져 버린 소득이다.

이와 같이 '역지사지 훈련'을 통해 오래 묵은 꼰대의식에서 벗어나기 위한 기반을 다질 수 있다.

꼰대의식에서 좀처럼 버리기 힘든 부분은 체면치레다. 남을 의식하는 대표적인 관념으로 한국인의 DNA에 면면히 흘러온 의식이기 때문이다. 어떻게 하면 체면으로부터 자유로워질 수 있을까?

체면의식은 내 의식의 중심이 상대에게 기울어 있는 상태다. 그러다 보니 어떤 행동을 하려 할 때 상대가 어떻게 생각할까를 먼저 떠올려 머뭇거리게 된다. 이는 예의와는 다른 것이다. 체면은 나를 위해 사는 것이 아니기에 문제가 된다. 상대의 눈치를 봐야 하기 때문에 상대 중심으로 자신의 의사결정이 이루어진다. 이 때문에 자신이 하고 싶어 하는 일을 방해받게 된다. 이는 꼰대의식 중 가장 워라밸을 저해하는 요소다.

어떤 경우 상대를 거의 의식하지 않고 당당히 행동하는 사람을 보게 된다. 그런 사람은 십중팔구는 자존감이 매우 높다. 자존감이 높으니 의식의 중심이 상대에게 기울지 않는다. 여기에서 우리는 체면 문제의 해법을 엿볼 수 있다.

그것은 내 의식의 중심을 상대로부터 나로 옮기는 일이다. 나의 중심은 나인 것이지 상대가 아니다. 내가 없으면 상대도 없다. 그러니 지금부터라도 상대의 눈을 위해 살지 말고 자신을 위해 살도록 마음을 다잡아 보자.

다만 자존감도 지나치게 자기중심적이라면 그 자체가 꼰대의식으로 작동될 수 있다. 나의 자존감이 중요하다면 상대의 자존감도 중요하다. 이렇게 역지사지하는 마음으로 상대를 인정할 때 꼰대의식의 함정에 걸려들지 않는 당신이 될 수 있을 것이다.

스마트폰의 노예가 되지 마라

영혼까지 지배당하고 있다

스마트폰이 사람들의 쉼을 해치는 주범이 되고 있다. '바보상사'라고 불리던 TV의 중독성을 지금은 스마트폰이 넘겨받았다. 스마트폰에는 온갖 어플과 동영상, 게임 등 재미있는 게 정말 많다. 퇴근 후 집으로 돌아와서도 좀 쉬면 좋으련만 스마트폰을 잡는 순간 의지력은 온데간데없어지고 만다. 잠깐만 한다는 게 어느새 한 시간이고 두 시간이고 지나가 버리기 일쑤다.

스마트폰은 이동 중에 급한 이메일을 확인하거나 답신하기, 출퇴근시간을 활용한 뉴스 보기, 관심사 검색 등 유용한 기능도 많지만 폐해도 많이 지적된다.

무엇보다 개인시간을 너무 빼앗아 간다. 스마트폰 중독이라는 말이 나올 정도로 한번 빠져들면 시간은 물론 영혼까지 지배

당한다. 더욱이 최근 들어 엔터테인먼트의 수요가 유튜브로 몰리면서 손쉽게 관련 영상을 볼 수 있다 보니 사람들의 스마트폰 사용 시간이 더욱 늘고 있다.

지하철이나 버스 안의 풍경도 스마트폰이 주역이 된 지 오래다. 의자에 앉은 사람, 서 있는 사람 가릴 것 없이 대부분이 스마트폰에 시선을 두고 있지 않은가. 스마트폰이 나오기 전에는 책이나 신문을 보는 사람들이 꽤 있었건만 이제는 옛 풍경이 되고 말았다.

스마트폰은 거리 또는 공공장소에서 안전사고도 유발한다. 영상을 보느라 이어폰까지 끼고 길을 걷다가 마주 오는 사람이나 거리의 돌출물과 충돌하거나 건널목 교통사고의 원인이 되는 일이 잦다.

데이터 분석 전문기업인 와이즈앱은 한국인의 스마트폰 사용과 관련한 다양한 데이터를 발표하는데, 이 통계를 보면 우리나라 사람들은 정말 스마트폰을 많이 쓴다.

와이즈앱에 따르면 한국인의 하루 스마트폰 평균 사용 시간은 2019년 10월 기준으로 3시간 45분이다. 이는 2016년 같은 데이터에서 평균 3시간으로 체크되었던 것에 비하면 3년 사이에 45분이나 늘어난 수치다. 세대별로는 20대가 가장 길어서 하루 5시간 1분을 스마트폰과 함께하는 것으로 나타났다. 이어서 30대 4시간 30분 > 40대 4시간 09분 > 10대 3시간

48분 > 50대 2시간 38분순으로 집계되었다.

예상보다 스마트폰 사용 시간이 엄청나다. 특히 20대 경우의 5시간 사용은 이런 유추도 가능하게 한다. 20대이면서 직장인이라면 물리적으로 평균보다 적기 쉽다. 그렇다면 대학생이거나 취업 전인 20대 경우 하루 6시간 이상 스마트폰을 열고 있다고 볼 수도 있다.

와이즈앱은 사람들이 스마트폰으로 주로 무엇을 하는지도 집계한다. 하루 평균 사용하는 앱 수는 12.4개이며, 접속 빈도는 최근 블랙홀처럼 사람들을 끌어들이고 있는 유튜브가 세대를 막론하고 1위다. 그다음으로는 세대별로 차이는 있지만 대체로 카카오톡 > 네이버 > 페이스북 > 다음 > 인스타그램 등에 사용자가 몰리는 편이다.

카테고리별 사용 분포는 커뮤니케이션(24.4%) > 동영상(23.5%) > 게임(12.9%) > 도서 및 참고자료(10.2%) > 소셜 네트워크(7%) > 지도 내비게이션(3.2%) > 엔터테인먼트(3.1%) > 쇼핑(2.3%) > 금융(2%) 등의 순이었다.

이상의 통계를 바탕으로 자신의 스마트폰 사용 습관을 체크해 보자. 하루 24시간이 주어지는 건 누구에게나 같다. 저마다 스마트폰을 사용하는 용도가 다르기 때문에 단정적으로 좋다 나쁘다 이분법적으로 말하긴 어렵지만 자신만은 알 것이다. 그때그때 꼭 필요해서 스마트폰을 열고 있는지, 습관적으로 시간을 빼앗기고 있는지, 그래서 더러 자책도 하는지.

스마트폰을 역으로 워라밸에 활용하자

스마트폰에 하루를 바치고 있어서는 워라밸적인 사고와 행동도 크게 제약될 수밖에 없다. 자신에게 소중한 일, 운동, 가족과의 시간 등에 할애할 영역이 너무 좁아지지 않겠는가.

대표적인 예로 스마트폰은 가족, 친구와의 대화도 단절시킨다. 가족이나 친구와 시간을 보내는 것보다 스마트폰 놀이가 더 재미있기 때문이다. 집에서도 식구들이 제각기 스마트폰에 몰두하느라 대화가 줄었다고 호소하는 가정이 적지 않다. 심지어 친구와 약속해서 카페까지 와 놓고는 서로에게 집중하지 않고 각자 스마트폰과 노는 젊은이들도 있다.

지나친 스마트폰 사용은 건강에도 문제를 던진다. 일자목, 손목터널증후군, 시신경 장애 등을 가져올 수 있다고 의사들이 경고하고 나섰다.

'알면서도 당한다'라는 말이 있다. 바둑이나 스포츠 경기에서 상대의 기술에 잘 대처하지 못하는 상황을 이르는 말이다. 스마트폰이 꼭 그렇다. 편리함 못지않게 문제가 적지 않음을 경험하고 있으면서도 좀처럼 벗어나지 못한다.

어찌하면 좋을까. 이제부터라도 방법을 찾아보자. 스스로 스마트폰 사용 시간을 체크해 규칙을 만들 필요가 있다. 사용할 시간과 장소, 사용 시간 총량, 사용을 금지할 시간과 장소 등과 같은 규칙을 정한다면 과다한 스마트폰 사용으로 인한 문제를 상당 부분 해결할 수 있다.

나아가 기왕에 쓰는 스마트폰이라면 워라밸에 도움이 되는 도구로 써 볼 수도 있겠다. 스마트폰에는 워라밸에 필요한 일과 생활 정보들도 널려 있다. 이를 활용해 보자. 여기에 워라밸에 도움이 되는 스마트폰 앱을 소개한다. 아래 외에도 더 많은 유용한 앱을 찾을 수 있을 것이다.

- 라이프 1: 경제 관리 앱 및 정보 활용(돈 벌기, 가계부, 투자 등)

  똑똑 가계부, 편한 가계부, 네이버 가계부 등

- 라이프 2: 건강 관련 앱 및 정보 활용(건강관리, 건강 체크 등)

  LG헬스, 삼성헬스, 만보계 & 다이어트 코치, 상태 모니터 등

- 라이프 3: 취미생활 앱 및 정보 활용(등산, 여행 등 여가 활동)

  ZUMO 주말엔 뭐 하지?, 에어비앤비 등

- 라이프 4: 자기계발 앱 및 정보 활용(자기계발 등)

  멘토의 수첩, 유튜브 등

- 워크 1: 스마트 기기로 직장 업무와 관련된 문서 작성 및 편집

  똑똑 노트, 에버 노트 등

- 워크 2: 스마트 기기로 소셜 네트워크(SNS)를 통한 업무 처리
  카카오톡 등
- 워크 3: 스마트 기기로 현장 모니터링을 통한 업무 처리
  곰녹음기, 싸이메라 등

　스마트폰은 그야말로 활용하기 나름인 것 같다. 고마운 문명의 이기로 쓰는 사람, 자기 파괴의 흉기가 되고 있는 줄도 모르고 빠져드는 사람. 당신은 어느 쪽인가.

　스마트폰으로 인해 때로 업무를 건성으로 하거나 자기계발 혹은 공부 시간을 잃고 있다고 생각되지는 않는가. 그것도 장기적으로. 워라밸 관점에서 해석해도 소모적인 시간이 적지 않을 것이다. 그런 자책이 있다면 당장 스마트폰 사용 시간부터 조정해 더는 그놈의 노예가 되지 않도록 해야 한다.

융합적으로 사고하라

일본 청소부의 명쾌하고 깊은 생각

생업은 워라밸의 중요한 한 축이다. 일로 인해 스트레스를 받기도 하지만 막상 일이 없다면 행복하기 어렵다. 일에서 해방되면 행복할 것 같지만 그런 날이 길어지면 삶의 회의에 빠진다. 과로가 불편한 것이지 일을 통한 경쟁, 목표가 문제인 것은 아니기 때문이다.

진정한 워라밸러가 되자면 일을 대하는 자세부터 다시 정립해야 한다. 그렇다면 워라밸에서 일의 목표는 무엇이 되어야 할까?

첫째는 그 일이 보람되어야 한다. 보람을 못 느끼면서 억지로 계속 그 일을 하고 있다면 문제가 크다. 여기서 말하는 보람은 꿈꾸던 일의 성취나 적성만이 아니다. 그것은 일을 받아들이는 인식 문제다.

일본에서 재미있는 실험을 했다. 일본에 대한 이미지 중에 '깔끔하다'라는 것이 있는데 그 이유를 살펴봤더니 청소부들이 청소를 열심히 하기 때문이었다. 그래서 한 일본 TV에서 일본 제일의 청소부를 찾아 나섰다. 그렇게 찾고 또 찾아 드디어 만난 일본 제일의 청소부는 의외의 면모를 갖고 있었다.

육체적으로 힘들 수도 있을 청소부와는 거리가 멀어 보이는 조그마한 체구의 여성이었다. 나이도 제법 들어 청소가 벅차 보였다. 그녀가 커다란 빌딩을 번쩍번쩍 빛나게 청소할 수 있다는 사실이 믿기지 않았다. TV 진행자가 도대체 어떻게 일본 제일의 청소부가 될 수 있었는지 물었다. 그러자 그녀의 입에서 다음과 같은 말이 흘러나왔다.

"저는 제가 하는 일이 이 빌딩을 빛나게 하는 일이라 생각하고 매일 기쁘게 청소한답니다. 제가 하는 일로 인해 사람들이 얼마나 좋아하는데요. 이유는 그것밖에 없는 것 같아요. 이 생각은 지난 30년간 하루도 변함이 없었습니다."

청소부라면 남에게 직업을 감추고 싶을 거라고 속단할지도 모르겠다. 하지만 청소는 인간의 행위로 인해 더러워진 것을 깨끗하게 되돌리는 꼭 필요한 일이다. 그녀는 청소의 본질을 분명히 알고 일에 임했다. 때문에 외적인 조건의 열악함을 극복하고 일본 제일의 청소부가 될 수 있었던 것이다.

당신은 어떤 의미로 일하는가? 혹 지금까지 깊이 생각해 보지 않았다면 행복한 워라밸을 위해 지금부터라도 일하는 목표를 분명히 하라. 그래야 일이 보람될 수 있다.

대부분의 사람들은 일하는 이유가 있다. ▲먹고살기 위해서 ▲어쩌다 보니 이 일이 직업이 되어서 ▲적성에 맞고 최고가 되고 싶어서 ▲부자가 되기 위해서 ▲나와 가족을 행복하게 할 수 있어서 등과 같은 대답을 한다.

당신은 어느 쪽인가. 한 가지는 분명히 해야 한다. 일과 관련해 수동적이기보다는 능동적, 긍정적 이유로 출근해야 한다는 것! 하는 일이 설령 적성에 맞지 않더라도 '먹고살기 위해서'와 같은 수동적 태도보다는 최소한 '나와 가족을 행복하게 할 수 있어서'와 같은 긍정적인 태도가 정신건강에도 훨씬 좋다.

만약 그래도 일의 보람을 느낄 수 없다면 자신이 좋아하거나 적성에 맞는 분야로 전직하는 용기를 내 보자. 쉽진 않겠지만 1~3년의 계획을 가지고 움직인다면 못할 것도 없다.

기왕이면 tech+(테크플러스)형 인재가 되라

워라밸에서 추구하는 일의 두 번째 목표는 '가치 있고 효율적인 일'을 하는 것이다. 이는 그런 직업을 골라서 하라는 게 아닌, 일을 대하는 자세에 의미를 부여한 말이다. 가치는 일의 보람을 가져다줄 것이며, 효율은 최소의 시간에 최대의 성과를 가져와 여유를 안겨 줄 것이다.

이 두 가지는 별개인 듯하지만 하나의 수행으로 동시적 성과에 이르는 경우도 많다. 예를 하나 들어 보자.

유기농 식당을 운영하는 여성이 있다. 그가 차려 내는 전통한 상차림은 건강식이면서 맛도 좋아 비슷한 메뉴를 파는 다른 집에 비해 늘 손님이 줄을 선다. 그는 그날의 재료가 소진되면 문을 닫는다. 그랬더니 신선한 재료 사용에 대한 고객들의 신뢰가 더 올라가 장사가 더 잘되었다.

이 식당은 살펴볼 점이 여러 가지다. 먼저 유기농 농가의 식재료 판로에 도움을 주면서 손님들에게는 건강식을 제공한다. 주인의 뛰어난 음식 솜씨는 좋은 식재료에 날개를 더해서 가성비를 높여 준다. 건강식을 팔아 세상에 기여한다는 가치가 주는 자부심, 식재료 낭비 없이 돈도 잘 버는 고효율의 장사. 정말 장사가 즐거운 식당 주인일 것 같다.

이 식당의 성공은 단지 운이 아니다. 'tech+(테크플러스)'라고 들어 보았는가. tech+는 기술(technology), 경제(economy), 문화(culture), 인간(human) 4요소의 융합을 이르는 것으로, 각 단어의 이니셜을 합성한 새로운 경제 개념이다. 위 식당의 주인이 미리 알았든 몰랐든 그의 선택은 tech+에 매우 잘 들어맞는다.

건강식을 먹고 싶다는 사람들의 마음을 읽었고(인문적 접근), 화학적 첨가물이 난무하는 세상에 유기농 식단이 특별한 관심을 끄는 것을 활용했고(음식문화), 자신만의 뛰어난 요리 솜씨를 적용했고(테크닉, 업무 지식), 식재료의 효율적 관리로 리스크가 거의 없는 식당을 운영하고 있는 것이다(높은 경제성).

세상에 이런 예는 매우 많다. 당신의 일에도 얼마든지 적용해 성공을 이루어 낼 수 있다. tech+의 네 가지 요소 모두가 아니라 한두 가지만 융합되어도 성과가 좋을 수 있다.

테크플러스의 융합에 대한 이해를 돕기 위해 몇 가지 예를 더 들어 본다.

- 스마트폰은 이동 중에도 인터넷 서핑을 하고 이메일을 확인하고 싶다는 마음(사람들의 요구를 읽은 접근) + 책상에서만 이루어지던 인터넷문화의 확산 + 기술(인터넷, 이메일 등 새로운 게 아니라 이미 나와 있는 기술의 조합) + 신시장 창출(애플은 삼성처럼 생산회사 없이도 대박을 쳤다)의 융합이 이뤄 낸 걸작이다.
- 카카오톡은 문자를 전화처럼 실시간 교신 형태로 하고 싶다는 사람들의 요구를 읽은 인문적 접근과 이미 나와 있는 기술(양자, 다자간 메신저 적용)의 조합이었다.
- 페이스북은 자신을 드러내고 싶어 하는 사람들의 욕구와 '좋아요'를 통한 확인 심리를 인터넷문화와 빅데이터, AI 기술 등과 접목시킨 것으로, 새로운 제품이 아니라 플랫폼 구축만으로 세계인에게 어필했다.

사실 이런 식으로 사람들의 요구를 읽은 융합형 제품은 의외로 많다.

- 일회용 반창고: 구급용품(붕대, 가위 등)의 휴대성은 늘 아쉽던 것이었다.
- 개인연금 상품: 죽은 뒤에까지 가족의 안녕을 책임지고 싶어 하는 한국인들의 책임의식을 꿰뚫었다.
- 지우개 달린 연필: 물건을 잃어버리기 쉬운 아이들을 위해 두 가지 기능을 융합했다.
- 의류청정기: 기존의 의류관리기와 공기청정기를 융합해 한 번에 공기청정은 물론 의류관리까지 가능하게 했다.
- 스마트어울림조명: 기존 조명과 스마트 기술을 융합해 언제 어디서든 원격조종으로 조명을 관리할 수 있게 했다.

이러한 발상은 당신이 하고 있는 일에도 널려 있을 수 있다. 최근 관심인 제4차 산업혁명 역시 어마어마한 출발이 아니라 정보통신기술(ICT)을 기반으로 하는 융합이 핵심이다. 융합은 오늘날 더 이상 생산성 향상이 잘 일어나지 않아 미래가 우려되는 한국 기업에서도 중요한 화두가 되고 있다.

tech+는 융합과 상통하는 개념이다. 이처럼 융합적, 창조적 사고로 새로운 개념의 시스템이나 제품을 만들어 내는 사람을 일컬어 '융합형 인재'라고 한다. 미래로 갈수록 융합형 인재는 더욱 각광받을 것이다.

당신은 이미 tech+ 또는 융합에 가까운 생각을 하고 있을지도 모른다. 스마트폰을 통해 전자책을 보고 있다면 없는 시간에 독서를 하고 싶다는 스스로의 욕구를 실현하고 있는 것이다.

tech+적인 융합을 통한 창조는 한 평의 공장조차 갖지 않은 채 삼성에 앞서 스마트폰의 선도주자로 나선 애플과 같은 대성공을 낳았다. 그런가 하면 지우개 달린 연필 같은 소박한 발견도 낳았다. 사물을 대하는 태도를 달리해 관심을 기울인다면 당신도 할 수 있다.

일의 의미와 보람은 단지 '먹고살기 위해' 일하는 사람한테는 멀기만 한 손님이다. 이제부터라도 tech+적인 사고로 궁리해보라. 일을 대하는 생각이 달라질 것이다.

제대로 쉬고
잠을 잘 자라

완전한 휴식의 의미

만약 당신이 지금 피로에 절어 있다면 휴식이 잘 이루어지지 않기 때문일 수 있다. 이때는 자신의 휴식 습관을 돌아봐야 한다. 활동했으면 에너지가 소모되었으므로 휴식을 통해 재충전해야 한다.

휴식은 완전한 휴식(잠, 명상 등)과 좋아하는 것과 함께하는 휴식(가벼운 독서, TV 보기, 산책 등)으로 구분할 수 있다.

먼저 완전한 휴식이란 정말 아무것도 하지 않는 쉼이다. 이런 휴식 시간이 중요한 이유는 운동의 원리에서 찾을 수 있다. 쉬지 않고 계속 운동할 수 있는 사람은 세상에 없다. 그런데 운동 후 휴식의 의미는 단지 쉬는 게 아니라 재생에 있다. 즉, 운동으로 손상된 근육세포가 쉬는 동안 단백질 등 영양분을 흡수하는 가운데 정상적인 근육으로 되살아나는 것이다.

노동 후 휴식 시간은 몸과 마음을 원상회복시켜 주는 역할을 한다. 그런데 현대인들은 이런 완전한 휴식을 자꾸 거스르기 때문에 원상회복은커녕 피로를 몸에 달고 사는 것이다. 당신이 워라밸러가 되고 싶다면 휴식에 대한 개념을 바꿔야 한다.

완전한 휴식을 취하는 대표적인 방법은 잠과 명상이다. 완전한 휴식이라 함은 뇌파가 알파파로 떨어져 있는 상태다. 인간이 활동 중일 때는 뇌파가 베타파로 오르고 흥분 상태에서는 감마파로 뛰어오른다. 가장 안정되고 고요한 상태가 되면 알파파로 떨어진다.

뇌파가 알파파로 떨어지는 것은 보통의 상태에서는 불가능하다. 깊은 명상 또는 숙면 상태로 들어갈 때 알파파로 떨어진다는 것이 과학적으로 관찰되었다.

명상은 책이나 지도자를 통해 따로 배워야겠지만 잠은 누구나 자게 되므로 이를 잘 이해하고 활용하면 좋겠다. 학자들의 연구에 의하면 잠자는 동안 몸에서 여러 변화가 일어난다고 한다.

대표적으로는 '몸의 청소'다. 깨어서 활동하는 동안 쌓였던 노폐물과 독소들을 청소하는 것이다. 즉, 깊은 숙면만으로도 노폐물과 독소들이 제거된다고 한다. 실제로 그 어떤 휴식보다 잠을 잘 잤을 때 개운한 느낌이 드는 것이 그 증거다.

또, 잠자는 동안 마음의 청소도 일어난다고 한다. 사람은 활동할 때 몸만 움직이는 것이 아니라 마음도 사용한다. 이로 인해 마음에도 노폐물과 독소가 쌓인다. 이를 정화시키는 청소가 잠자는 동안에 일어난다. 잠을 잘 자고 났을 때 어제 있었던 스트레스가 풀리는 느낌이 드는 것도 이러한 이유 때문이다.

잠에는 단계가 있는데 1~4단계로 나뉜다. 1단계는 얕은 잠, 2단계는 조금 깊은 잠, 3~4단계는 더 깊은 잠이다. 청년기에는 1~4단계의 잠을 모두 경험하지만 나이가 들수록 잠이 얕아져 3단계에 그치고 4단계까지 깊이 잠들기가 힘들어진다고 한다.

잠의 깊이를 측정할 수 있는 방법이 있는데, 만약 이해되지도 않는 복잡한 꿈을 너무 자주 꾼다면 깊은 잠에 들지 못하는 것이다. 또, 아침에 깼을 때 몸과 마음이 가뿐하지 못하다면 이 역시 깊은 잠 못 잔 때문이다.

당신이 만약 수면장애나 불면 상태에 있다면 이는 워라밸을 위해 가장 먼저 해결해야 할 과제다. 몸과 마음의 청소가 늘 부족하다는 것을 뜻하기 때문이다.

수면장애나 불면증은 약에만 의존할 게 아니라 정면으로 맞서서 해결해야 한다. 즉, 전문의 상담을 통한 마음 치료, 종교를 통한 안정, 명상 등과 같은 노력을 말한다. 그렇게 숙면에 다가가려고 노력하다 보면 당신도 완전한 휴식을 누리는 기쁨을 맛볼 수 있게 될 것이다.

좋아하는 것을 통한 휴식

사람은 일하는 동안 에너지 소모와 함께 스트레스도 받는다. 감당할 만한 스트레스는 정신적 면역력을 기르는 데 도움을 주지만 과도한 스트레스는 독이 되어 자신을 친다. 그래서 스트레스를 피로와 만병의 근원이라고 하는 것이다. 이를 해결하지 못하면 자신을 죽음으로 이끄는 저승사자를 곁에 두는 것과 같다.

그런 만큼 스트레스는 반드시 관리해 주어야 한다. 다른 것들은 인내가 미덕일 수 있지만 스트레스는 참는 게 능사가 아니다. 해소에 초점이 맞춰져야 하기 때문이다. 가급적 스트레스 환경에 처하지 않는 게 제일 좋겠지만 사람이 살면서 그러기가 쉽겠는가.

스트레스는 무엇보다 마음이 상처받은 것이기 때문에 단지 휴식을 취하는 것만으로는 해소되기 어렵다. 그렇다면 스트레스를 해소하는 원리 역시 상처받은 마음을 이완시켜 주는 데 있을 것이다.

자신이 싫어하거나 힘들어하는 일을 할 때 스트레스가 올라가고, 반대로 자신이 좋아하거나 즐거워하는 일을 하면 스트레스가 풀리는 이치를 우리는 경험을 통해 이미 알고 있다. 마치 빛을 비추면 어둠이 사라지듯이. 이런 원리를 이용해 보자.

당신이 좋아하고 즐거워하는 일은 무엇인가. 보통은 취미가 이에 해당될 수 있다. 게임을 좋아한다면 게임을 하고, 영화가 취미라면 보고 싶은 영화를 보라. 그냥 홀로 걷는 산책이 좋다면 산책을 하고, 운동이나 헬스가 좋다면 그것을 하라.

혹시 딱히 좋아하는 것이 없다면 스트레스 관리를 위해서라도 하나쯤 찾도록 하자. 진짜 취미조차 없어 막연하다면 실용적으로 접근해 보라. 가령 건강 챙겨서 나쁠 일 없으니 집 근처 길거리 걷기라도 해 보자. 어떤 선택이든 해 나가다 보면 그것에 대해 더 잘 알게 되고 묘미도 생길 것이다.

사람들 중에는 좋아하는 것을 하다가 직업 외에 또 다른 분야의 전문가가 되기도 한다. 그렇게 얻은 지식을 블로그, 유튜브 등을 통해 대중과 공유하는 일반인 전문가들이 그런 예다. 좋아하는 것을 즐기고, 그것을 통해 몸과 마음을 재충전하고, 남에게 도움까지 주니 거의 워라밸에 가까운 생활을 한다 해도 틀리지 않을 사람들이다.

그 정도까지는 아니더라도 좋아하는 것을 하는 선순환을 통해 스트레스를 해소하고 일을 위한 재충전도 얻을 수 있다. 이 모두가 휴식이 주는 선물이다.

체력을 키워라

운동은 자신에 대한 사랑이다

인체는 건강의 적신호를 스스로 느낄 수 있게끔 설계되어 있다. 지금 과로 상태에 있다면 몸이 무겁거나 머리가 띵한 증상을 느끼기 십상이다. 마음도 매사에 자신이 없고 불안감이 자주 밀려온다. 당신이 이런 상태라면 당장 건강관리에 나서야 한다.

이 때문에 워라밸의 조건 중 또 하나 중요하게 떠오르는 것이 건강이다. 축구팀이 아무리 좋은 전술을 가지고 있어도 체력이 받쳐 주지 못하면 그것을 경기장에서 구현할 수 없다. 워라밸도 마찬가지다. 건강하지 않으면 계획한 여가 프로그램을 행동으로 옮기기 어려워 나무늘보처럼 소파에서 뒹굴게 된다.

건강을 위해 중요한 것이 휴식과 운동이다. 휴식이 재충전을 위한 것이라면 운동은 건강을 위한 활력 생산이다.

독일 자를란트대학 연구팀이 30~60세 일반인 69명을 대상으로 6개월 동안 규칙적인 운동을 하게 하면서 효과를 조사했다. 그 결과 매일 25분 이상 운동했을 때 세포의 노화를 억제하는 효소인 텔로머레이스가 활성화되는 것이 관찰되었다.

비교적 짧은 30분 운동 효과에 대한 조사도 있다. 미국 질병통제관리센터(CDC)의 윌리엄 디츠 박사는 하루 30분 운동만 해도 스트레스가 줄고 집중력과 생산력이 향상된다는 조사 결과를 내놓았다. 또, 유럽심장학회는 걷기운동을 하면 50~60대의 심장질환 사망률이 절반으로 줄어든다는 연구 결과를 발표했다.

운동을 할 때 유의할 것이 있다. 흔히 말하는 '적당한'과 '규칙적인'이다. 특히 운동을 하지 않던 사람이나 현재 건강 상태가 안 좋은 사람일수록 이 말을 명심해야 한다.

'적당한'을 위해 처음에는 낮은 강도에서부터 시작해 몸에 무리가 없는지 살피면서 진행하는 게 좋다. 아예 의사나 운동전문가에게 운동처방을 받고 시작하면 더 적절하겠다. 한동안 타지 않던 녹슨 자전거를 타려면 먼저 상태를 살핀 다음에 굴려야 하듯이.

'규칙적인'은 어쩌면 '적당한'보다 더 중요한 요소일 수 있다. 평소 운동을 안 하던 사람이 갑자기 기분이 충천해 주말이나 월말에 몰아쳐 운동한다고 효과를 보기는 힘들다. 앞의 연구 결과들은 모두 규칙적으로 운동했을 때 나타난 것들이다. 매일이든 이틀에 한 번이든 주기적이어야 몸도 스트레스가 아니라 운동으로 이해한다.

운동은 체질이나 몸의 밸런스에 따라 더 집중할 부위와 알맞은 종목이 있다. 상체가 발달한 사람들은 하체를 강화할 수 있는 걷기나 자전거타기 등이 적당하다. 반대로 하체가 발달한 사람들은 상체 발달에 도움이 되는 배드민턴이나 테니스 등이 좋다.

질병 유무도 고려 사항이다. 혈관질환, 고혈압이 있다면 파워워킹이나 달리기가 돌연사를 부를 수 있으니 무리하지 말아야 한다. 또, 몸무게가 많이 나가거나 관절이 약한 사람은 무릎에 충격을 주는 달리기보다는 평지 자전거 타기, 수영, 물속 걷기 등이 알맞다.

근력운동은 고혈압이나 당뇨, 심장질환이 있는 사람이라면 조심스럽게 접근해야 한다. 그런 사람은 한 번에 힘을 쓰는 고강도보다는 저강도로 횟수를 좀 더 늘리는 게 적절하다.

근육은 신진대사의 공장이다

운동은 두뇌 건강과도 연관성이 크다. 피곤할 때 꽤 잤는데도 멍한 경우가 있다. 그보다는 가벼운 운동을 한 후 자고 났을 때 정신이 더 쾌청해지는 것을 느낄 수 있다. 경험이 없다면 그렇게 해 보면 차이를 알 수 있을 것이다. 이는 사람의 몸과 마음이 연결되어 있기 때문에 나타나는 결과다.

예컨대 작가들은 집중력이 흩어지면 자기 글을 교정보는 것도 어려워한다. 또, 서비스업 종사자가 평소와 다르게 고객의 클레임에 잘 응대하지 못한다면 운동 부족으로 몸과 마음이 피곤에 절어 있는 상태일 수 있다. 이런 사람일수록 일의 생산성 향상을 위해서라도 운동에 나서야 한다.

대개의 사람들은 건강에 적신호가 온 다음에야 비로소 운동을 떠올린다. 물론 이때라도 운동을 하겠다는 결심을 한다면 다행한 일이다. 문제는 운동을 안 하던 사람이 갑자기 운동에 나서면 지속하기가 쉽지 않다는 점이다. 육체적으로 고통스러울 수 있고 해야 된다는 강박이 생기기도 한다. 이로 인해 운동을 마지못해 하고 있는 경우가 많다.

이런 문제를 이기려면 즐기면서 건강까지 챙길 수 있는 종목을 찾는 게 좋다. 그런 종목이라면 힘도 덜 들고 중단하지 않을 수 있기 때문이다.

제일 손쉬운 방법은 상대적으로 더 흥미가 가는 운동을 택하고 혼자 하기보다는 어울려서 하는 것이다. 요즘은 운동 종목마다 지역 동호회가 정말 많다. 축구, 야구, 테니스, 배드민턴, 탁구, 수영, 등산, 자전거, 에어로빅 등 운동 클럽이 정말 흔하다. 회원으로 가입해 어울리다 보면 힘든 줄 모르고 땀을 흘릴 수 있다.

자신의 성격에 맞는 종목을 고르는 것도 적응에 유리하다. 외향적인 사람이라면 축구나 배드민턴처럼 사람들과 함께 하는 종목에 잘 동화된다. 반면 내성적인 사람은 헬스나 걷기 등 혼자 하는 운동에 편안함을 느낀다.

이렇게 시작을 열었다면 게을러지지 않도록 한동안은 의지를 발휘해 꾸준히 실행하자. 운동은 엔도르핀, 도파민, 세로토닌 등 여러 유익한 호르몬을 분비시켜 기분부터 활기차게 해 줄 것이다. 외적으로는 차츰 뱃살이 빠지고 체력이 좋아지고 피로를 덜 느끼게 되는 등 더 확실한 변화도 일어난다. 이때부터는 의무감이 아니어도 잘해 나갈 수 있다.

운동에는 개인적 취향이 다를 수 있지만 분명한 게 있다. 취향이 아니더라도 운동을 하지 않는 사람보다는 하는 사람이 훨씬 활기찬 삶을 산다는 점이다.

나이가 들면 허벅지 힘으로 산다는 말이 있다. 근육은 단지 보기 좋은 것을 넘어 칼로리 소모와 인체 신진대사의 공장이다. 군대를 다녀온 남자들은 알겠지만 단단했던 허벅지 근육이 20대 중반 이후면 조금씩 빠지는 것이 느껴진다. 느꼈다면 지키는 것이 좋다. 다시 강조하지만 근육은 인체 신진대사의 공장이므로.

심폐 기능 유지를 위한 유산소 운동도 소홀히 하지 말아야 한다. 몇 년 운동을 잊고 지내다가 동문 체육대회에라도 가서 잠깐 뛰고는 숨이 턱에 차는 경험을 하는 경우가 있다. 관리하지 않으면 금세 퇴보하는 게 심폐 기능이다.

체력이 약하면 일에도 생활에도 활력이 떨어진다. 그리고 약간의 과로에도 쉽게 피로해진다. 그래서는 워라밸도 행동으로 옮겨지기 어렵다. 그런 함정에 빠지지 않기 위해서라도 운동을 해야 한다.

가족과 함께하는 시간을
많이 만들어라

화목한 집은 스킨십의 양이 다르다

사서삼경 중의 하나인 《대학》에 격물치지(格物致知)라는 말이 있다. 사물을 뿌리까지 파고들어야(格物) 비로소 앎의 본질에 이를 수 있다(致知)는 뜻이다. 워라밸이 등장한 본질적 이유는 이전의 삶이 행복하지 못했기 때문이다. 그 원인으로 찾은 게 직장에서의 과도한 업무였다. 하지만 과도한 업무는 겉으로 드러난 이유이며, 사실은 그로 인해 소중한 사생활이 침해받았기 때문에 행복하지 못한 것이다.

그리고 더 파고들면 인간의 가장 소중한 사생활은 가정으로 귀결된다. 아무리 친구나 사회적 인연 등 바깥 인맥이 풍부해도 가정의 행복이 없다면 인간은 공허에서 빠져나올 수 없다. 그런 면에서 워라밸의 기본은 가정에서 출발한다.

다시 《대학》 이야기를 하면 격물치지 다음에 나오는 구절이 유명한 수신제가치국평천하(修身齊家治國平天下)다. 즉, 사람이 살아가는 기본은 '나'와 '가정'이다. 가정에서 행복하지 못한 사람이 직장에서는 전혀 다른 사람이 되어 활기차게 일할 수 있을까. 아마도 그러기 어려울 것이다. 워라밸이 이루어질 수 없는 시스템이 만들어지는 셈이다.

U씨(40세)는 아내와 자주 다투지만 화해도 잘한다. 여기에는 U씨만의 비결이 있다. 그것은 정기적으로 가족과 함께 여행을 가는 일이다. 적어도 두 달에 한 번 정도는 가족여행을 다닌다. 3월이면 봄 기념으로, 5월이면 가정의 달 기념으로, 7~8월은 여름휴가, 9월은 가을 여행, 11월은 겨울 여행, 1월은 신년 여행….

특히 U씨는 연휴나 가정의 달, 부모님 생일 때는 꼭 양가를 찾아뵙고 하루 이틀 머물며 어른들과 함께하는 시간을 가진다. 그리고 가끔은 국내를 떠나 해외여행도 다닌다. 이러니 아내도 남편에 대해 쌓여 있던 갈등이 쉬 풀어질 수밖에 없다. 여행을 통해 아이들과 더 친해질 수 있는 것도 U씨를 행복하게 한다. 애쓴 만큼 돌려받고 있는 것이다.

지인이기도 한 U씨를 바라볼 때 부러움을 느낀다. 가족과 데면데면하다는 사람들을 보면 공통점이 있다. 가족끼리 함께 즐기거나 소통하는 시간에 인색하고 독단적이라는 점이다.

아무리 가족이라 해도 살다 보면 부딪침이 필연적으로 일어난다. 이에 서로 간에 쌓인 스트레스를 풀 시간이 필요하다. 그것이 대화든 외식이든 함께 즐기는 시간이든 다 좋다. 갈등을 겪고 있거나 깨어진 가정들은 이런 노력을 소홀히 한 경우가 대부분이다.

가족끼리 친한 가정은 스킨십의 양이 다르다. 스킨십은 곧 사랑의 표현이기 때문에 많이 할수록 서로 간에 사랑의 감정이 높아진다. 스킨십에는 두 가지가 있다. 하나는 말 그대로 피부가 닿는 스킨십이고 또 하나는 정신적 유대다.

필자의 경험으로 얘기하면 두 아들을 키울 때 너무 귀여워서 하루에도 여러 번 안아 주었던 것 같다. 이제는 고등학생과 중학생이 되었건만 덕분에 지금도 서로 안아 주는 행동이 자연스럽다.

정신적 스킨십도 필요하다. 전업작가로 집에서 주로 글을 쓰는 지인의 사례를 전한다. 그는 아들이 초등학생일 때 학교에서 돌아오면 간식을 만들어 주고, 같이 밖에 나가 놀아 주곤 했다. 의도한 것은 아니었으나 수년간의 그런 관계가 습관으로 이어져 지금은 성인이 된 아들과 친구처럼 스스럼없이 지낸다고 한다.

이런 얘기를 하면 '우리 집 아이와는 이미 그 시기가 지나 버렸는데' 할지 모르겠다. 그러나 지금부터라도 같이 자주 마음을 맞대는 시간을 가지면 된다. 스킨십 효과는 그 양만큼 비례하기 때문이다.

지금 당신의 가정에 냉기가 돌고 있다면 그것을 녹이기 위한 노력이 필요하다. 노력은 당신이 잘할 수 있는 것부터 시작하면 된다. 대화 시간을 갖는 것, 외식, 운동 등 같이할 수 있는 것이라면 무엇이든 좋다.

가족 불행의 첫 번째 원인은 대화 단절

자녀의 사춘기가 시작되면 대개 부모와의 대화가 점점 적어진다. 안타까운 것은 사람들이 이것을 당연한 현상으로 받아들이고 만다는 데 있다. 이를 방치해 두면 그다음에 올 일은 진짜 대화 단절이다. 대화가 되지 않으면 조그만 갈등도 더 나쁘게 증폭되기 쉽다. 자녀와의 갈등으로 고통 받는 가정이 있다면 그 시작은 대화 단절이었을 것이다.

취업포털 커리어는 직장인을 대상으로 가족과의 대화 시간을 조사했는데 하루 평균 대화 시간이 30분 미만인 것으로 나타났다. 1시간 이상 대화한다는 사람은 9.9%에 그쳤으며 10분 미만이라고 응답한 사람은 31.5%였다. 오늘날 우리나라 가정의 현실을 적나라하게 보여 주는 조사 결과다.

통계청과 여성가족부가 해마다 발표하는 '청소년 통계'에 의하면 청소년 사망 원인 1위가 자살이다. 그리고 그 자살 원인

첫째에 가정불화가 등장한다. 이런 점을 생각한다면 지금부터라도 자녀와의 관계를 재정립할 필요가 있다.

그렇다면 어떻게 서먹해진 자녀와의 시간을 확보할 수 있을까? 느닷없이 같이 '놀러 가자', '외식하자'라고 하면 잘 통하지 않을 것 같다. 그보다 이렇게 해 보면 어떨까.

첫째는 자녀에게 접근할 때 명령조의 말을 삼가는 것이다. 대신 "부탁 하나 들어줄래? 네 또래 생각을 들어 보고 싶은 게 하나 있어서."라며 부탁조로 접근해 보라. 그러면 별 소통이 없던 자녀라 해도 일단 듣게 된다. 아마도 "뭔데요?" 하며 눈치를 볼지 모르겠다. 그때 "오늘 스마트폰으로 기사 하나를 보다가 이해가 잘 안 되는 게 있는데 말이야. 이런 거에 대해 너희 또래는 어떻게 생각하는지 궁금해서." 하며 말을 꺼내면 자녀도 외면하지 않고 응대할 것이다.

필자 경우 이런 식의 대화 접근으로 첫째 아이의 꿈이 요리사인 걸 발견했다. 덕분에 지금은 조리학교에 진학해 자신의 꿈을 키워 가고 있다. 둘째도 대화를 통해 진로를 같이 고민할 수 있었다. 녀석의 꿈은 사진작가. 그래서 카메라를 사 주는 등 뒷바라지해 주고 있다.

물론 희망이 직업으로 이어지지 않을 수도 있다. 하지만 한 인간에게 꿈이란 소중한 것이니 그것을 적극 밀어줄 필요가 있다. 성장 과정의 일이고 더 중요하게는 자녀와 소통하는 방편이기 때문이다.

자녀 입장에서도 부모와의 소통법을 익히라

요즘 흔해진 홀로족은 어찌해야 하는가 싶겠다. 홀로족 또한 나름대로 집에서만의 행복한 스케줄을 만들 수 있고, 떨어져 사는 부모 형제와의 시간도 만들 수 있다. 가족과 단절될수록 어쩌면 정신적 고립도 동반될 확률이 클지 모르겠다.

미혼의 성인 자녀들 중에는 부모에 대한 불만이 내재해 있는 경우가 의외로 많다. 자신의 성향을 무시당한 채 부모의 뜻대로 이끌려 왔다는 피해의식이 깔려 있는 사람, 또 부모는 자식을 이해시켰다고 믿지만 자식 입장에 부모와 싸울 수 없어 대충 넘어갔다는 사람이 적지 않다.

그런 앙금이 있다 보니 부모와 대화하더라도 부딪치기 일쑤다. 이는 작은 생활 방식에서부터 직장, 결혼까지 전 영역을 망라한다. 그렇다면 이런 상태에서 어떻게 부모와 소통할 수 있을까? 이미 생각의 틀이 굳어져 있는 부모더러 내 생각 안으로 들어와 달라는 것은 무리다. 이때는 내 생각의 틀을 약간 넓히는 것이 좋은 방법이 될 수 있다.

계란이 바위와 부딪치면 깨지지만 돌돌 구르면 깨지지 않는다. 부모와 마찰이 생겼을 때 내 주장을 내세워 상태를 더 나쁘게 만들기보다 완곡어법으로 접근해 보라. 예를 들면 사귀고 있는 여자를 부모가 못마땅해한다면 "제가 좋다는데 왜 그러세요?"라고 맞서기보다는 "저도 그 점은 걱정이 돼요. 하지만 당장 헤어질 수 없으니 사귀어 보다가 문제가 생기면 그때 생각해 보는 건 어떨까요?"라며 돌려 말해 보는 것이다.

부모도 이런 자식이라면 대놓고 반대하지는 않을 것이다. 어른들 역시 보고 듣는 게 있어서 시대가 변한 줄 알 만큼은 안다. 이런 식으로 충돌을 줄여 나가다 보면 부모의 태도도 누그러질 수 있다. 이때가 소통의 문이 열리는 순간이다.

이런 노력이 필요한 이유는 가정이 원만하지 못하면 워라밸도 그만큼 멀기 때문이다. 가족과 불화하면서 나 혼자 어찌 행복할 수 있겠는가.

독서하라!
업(業)을 위한 지식, 소중한 것을 위한 지식

자신의 일과 관련한 책 100권 읽기

직장 초년생들에게서 이런 말을 들을 때가 있다. "대학 전공 4년보다 현업 1년에서 배우는 게 더 많다." 직무 지식과 관련해 그만큼 익혀야 할 게 많다는 뜻으로 들린다.

직장인들은 회사를 위해 자신의 능력을 쓰고 보수를 받으니 그 분야의 프로라고 할 수 있다. 직장인이라면 그런 프로 의식은 기본이고 의당 자기 분야에 대한 최고의 직무 능력을 갖추고 있어야 할 것이다.

그런데 회사를 다닌다고 직무 능력이 저절로 올라가나. 실무와 선배를 통해 배우는 것도 많겠지만 개인적인 공부도 따라야 한다. 적어도 직무와 관련된 지식이라면 다 내 것으로 만들겠다는 욕심이 있어야 한다.

직장에서 자신의 위상을 다지는 조건 중에 사실 실력 이상 가는 것도 없다. 실력과 위상이 뒷받침되면 직장생활이 더 즐겁고 일도 자기 주도적으로 해 나갈 수 있다. 그렇다면 워라밸의 절반인 일을 자연스레 정복하고 있는 사람 아니겠는가.

직장생활을 하면서 공부 시간을 낸다는 게 말처럼 쉽지는 않을 것이다. 종일을 회사에서 보내고, 야근, 동료나 친구들과의 술자리 등으로 뺏기는 시간을 생각하면 틈을 내기 어려울 것 같다. 그래서인지 큰마음 먹고 등록한 학원을 중도 포기하는 직장인들도 많다.

그렇다고 변명만 하고 있으면 아무것도 못한다. 그런 면에서 책을 통한 실력 키우기는 직장인에게 꽤 유용한 학습법이다. 독서는 무엇보다 자신이 스케줄을 관장할 수 있으니까.

하지만 시간 나면 읽지 뭐, 하는 식이어서는 곤란하다. 또, 독서에 영 취미가 없다는 사람들도 있다. 그런 태도로는 한 권도 못 읽는다. 독서에 취미가 있든 없든 이건 자신의 업(業)과 관련된 공부다. 더 직설적으로 말하면 향후 자신의 소득과도 연관될 일이다. 아무리 바빠도 직무와 관련한 독서에는 욕심을 가져야 한다.

한번은 직장에 불만이 많은 후배에게 이런 말을 한 적이 있다.

"자신의 일과 관련한 책 100권은 읽어라. 그 정도 실력은 갖춰야 어딜 가든 자리가 안전하다. 불만은 그다음이다. 이건 책을 좋아하고 안 좋아하고와 상관없이 부려야 할 욕심이다."

처음에는 자신의 직무와 직접 관련되는 책, 그다음에는 직무와 간접적으로 관련되는 책으로 영역을 넓혀서 읽자. 이렇게 목표를 정해서 읽다 보면 직장에서의 경험과 함께 몇 년 안 가 당신은 이론과 실무를 겸비한 자기 분야 최고의 인재가 되어 있을 것이다.

내가 정한 '소중한 것'을 위한 독서

성공한 사람들은 대개 독서광이다. 교양을 위한 책도 읽을 수 있기를 바란다.

이는 앞서 말한 tech+ 혹은 융합적 사고를 위해서도 필요하다. 다양한 인문적 지식이 바탕 되어야 사람에 대한 이해, 문화적 이해가 작동될 수 있지 않겠는가. 생각이 깊거나 남다른 아이디어를 잘 내는 사람들은 단지 머리 회전이 잘되어서가 아니다. 그럴 만한 지식과 소양이 갖추어져 있기 때문이다.

교양서 읽기는 워라밸이 제시하는 '좋아하는 것, 소중한 것'을 이루기 위해서도 필요하다. 독서를 통해 지적 교양과 사고의 폭을 넓히면 '좋아하는 것, 소중한 것'을 대하는 마음도 더 깊어질 것이다.

독서 목록은 개인적으로 만들 수도 있겠으나 신뢰할 만한 리스트를 구해도 괜찮겠다. 그런 면에 참고가 될 목록이 있어 소개한다. 다음은 서울대학교에서 발표한 권장도서 100선과 2012년 미국 <타임>지의 '세계에서 가장 영향력 있는 100인'에 선정되었던, 통계학자 한스 로슬링(스웨덴, 1948~2017)이 추천한 금융 · 경제 관련 도서 14선이다.

▲ 서울대학교 권장도서 100선

[한국문학]

1. 고전시가 선집

2. 연암 산문선 / 박지원

3. 구운몽 / 김만중

4. 춘향전

5. 한중록 / 혜경궁 홍씨

6. 청구야담 / 작자 미상

7. 무정 / 이광수

8. 삼대 / 염상섭

9. 천변풍경 / 박태원

10. 고향 / 이기영

11. 탁류 / 채만식

12. 인간문제 / 강경애

13. 정지용 전집 / 정지용

14. 백석 시 전집 / 백석

15. 카인의 후예 / 황순원

16. 토지 / 박경리

17. 광장 / 최인훈

[외국문학]

18. 당시선

19. 홍루몽 / 조설근

20. 루쉰 전집 / 루쉰

21. 변신인형 / 왕멍

22. 마음 / 나쓰메 소세키

23. 설국 / 가와바타 야스나리

24. 일리아드, 오디세이아 / 호메로스

25. 변신 이야기 / 오비디우스

26. 그리스 비극 선집 / 소포클레스, 아이스킬로스, 에우리피데스

27. 신곡 / 단테

28. 그리스로마 신화

29. 셰익스피어(Hamlet, Macbeth, As you like it, Tempest) / 셰익
    스피어

30. 위대한 유산 / 찰스 디킨스

31. 주홍글씨 / 호손

32. 젊은 예술가의 초상 / 제임스 조이스

다이아몬드

독서는 꿈에 대한 열의가 크면 시키지 않아도 하게 된다. 읽지 않으면 견디지 못할 에너지가 솟구치기 때문이다.

요즘에는 인터넷이나 유튜브 영상 강의도 볼 만하다. 짧은 시간에 섭렵할 수 있는 지식과 정보가 넘쳐 난다. 특히 유튜브 강의는 이전에 없던 새로운 지식 창고다. 그것도 수강료 한 푼 없이 공짜로 배울 수 있다. 오락 영상만 보지 말고 지식 교양 영상에도 관심을 기울여 보자. 하나둘 찾아 들어가다 보면 평소 아쉬웠던 지식의 틈새를 메워 주는 참신한 강의를 만날 수 있다.

나를 기쁘게 하는
새로운 습관 만들기

어떻게 습관이 되게 할까

지금까지 워라밸로 가기 위한 행동 지침에 대해 이야기했다.

한 사람이 막상 변화를 갖기란 사실 쉽지 않다. 인간의 비극은 타성을 바꾸기가 참 어렵다는 데 있다. 오죽하면 '세 살 버릇 여든까지 간다'라는 말이 있겠는가.

과연 어떻게 행동으로 변화할 수 있을까? 첫 번째는 꿈을 이루고 싶은 간절함이 있거나 절실한 필요를 느껴야 한다. 간절한 꿈은 나를 송두리째 바꿀 에너지를 발산한다. 돈도 바닥까지 떨어지는 경험을 하면 돈에 대해 절실한 필요를 느낀다.

워라밸 책을 쓰기 위해 사람들과 만나면서 가장 안타깝게 생각된 것은 우리나라 근로자들의 지나친 노동과 돈을 버는 데 대한 몰두, 그리고 가련할 만큼 미약한 여가문화였다. 당사자인

근로자들부터 변화에 간절해야겠으나 그마저 돈에 가려져 목소리가 크지 않다는 것은 더 슬픈 일이었다. 이젠 달라져 평범한 행복에 절실함을 가졌으면 좋겠다.

변화의 두 번째 단계는 결심이다. 결심 중에는 절실함 없이 하는 결심도 있다. 그런 결심은 오래가지 못할 수 있다. 꼭 그렇지 않아도 결심은 시간이 지나면서 흐려지기 십상이다. 이는 가장 중요한 세 번째 단계를 이행하지 않아서 생기는 일이다. 세 번째 단계는 바로 습관으로 만들기다. 성공한 사람들은 자신만의 습관이 확고한 경우가 많다.

《공부의 신》이라는 책으로 유명한 강성태 대표는 효과적인 공부법으로 유명세를 탔다. 그러나 효과적인 공부법을 제시했음에도 성적이 오르지 않는 학생들을 발견하고 혼란이 왔다. 이 학생들의 행동을 유심히 관찰했더니 요령을 피우는 장면이 목격되었다. 즉, 새로운 무기를 쥐어 줘도 게으른 탓에 사용하지 않고 있는 것이다.

강성태 대표는 좋은 무기보다 더 중요한 것은 그 무기가 익숙해지게 하는 훈련이라는 사실을 깨달았다. 그래서 탄생한 것이 '66일 공부법'이다. 66일이란 숫자는 영국의 런던칼리지(University College London)의 한 연구 결과에서 가져왔다. 이 대학의 필리파 제인 랠리 교수는 습관에 대한 연구를 했는데, 그가 표본으로 참가시킨 사람들이 새로운 방식을 습관으로 받아들이는 데 걸린 평균 시간이 66일이었다. 예를 들어, 방을 어지르는 학생에게 방을 정리하는 훈련을 시켰더니 66일쯤이 지나서야 가만히 둬도 스스로 방을 정리하게 되더라는 것이다.

물론 66일이라는 숫자에 매일 필요는 없다. 그래도 상징적 의미가 있으므로 당신이 워라밸을 위해 바꾸고 싶은 행동들을 적고 최소 66일 이상 이행하도록 애써 보라. 직장에서의 워라밸을 위한 것이어도 좋고 가족과의 시간, 독서, 운동, 취미 등 무엇이든 좋다.

필자가 작가가 되기 위해 처음 도전했던 건 새벽 5시 일어나기였다. 그때까지 나는 무엇이든 밤 시간에 하는 것을 좋아해 늦게 잠들고 출근 시간에 임박해서야 일어나는 사람이었다. 하지만 작가가 되려고 하니 공부할 시간 확보가 필요했다.

그래서 아침 이른 시간을 선택했고 새벽 5시에 일어나기 훈련을 시작했다. 당시 생활 패턴을 바꾸는 데 세 달이 넘게 걸렸다. 66일보다 더 걸린 셈이다. 하지만 이후로는 알람 없이도 새벽 5시만 되면 눈이 뜨여 꿈을 불태울 수 있었다. 이 습관은 15년이 지난 지금도 이어져 새벽 5시만 되면 저절로 눈이 뜨인다.

작심삼일 괜찮아. 될 때까지 도전하면 돼

변화의 최대 적은 작심삼일이다. 필자 역시 살면서 무수한 계획을 세웠지만 목표 달성도는 50점 이하였다. 왜 그토록 계획을 지키지 못했을까? 못 지킬 거면 차라리 계획을 짜지나 말던가. 그럼에도 불구하고 줄기차게 계획을 짰다. 짜지 않는 것보다는 좋다고 생각했으므로.

그러던 어느 날 왜 계획을 지키지 못하는지 이유를 알게 되었다. 그건 성급한 욕심 때문이었다. 계획을 짤 때마다 욕심이 발동해 능력치 이상의 목표를 넣곤 했다. 그렇게 만든 계획은 거의 지켜지지 않았다. 계획표를 짤 때 주의해야 할 점은 현실적인 계획을 짜는 일이다.

다만 절실히 이루고자 하는 것에는 조금 욕심을 부려도 괜찮다. 절실함은 의지력을 발동시켜 현실적 능력 이상의 성과도 가능하게 해 준다. 그런 경험을 한 적이 있다. 한창 꿈으로 불타오르던 때, 연말에 체크해 보면 연간 목표로 했던 것들이 100% 다 이루어진 모습에 스스로 놀라곤 했다.

게으름도 목표 수행을 방해하는 것 중 하나다. 작심삼일로 그쳤다면 '에이 계획이란 게 그렇지 뭐' 하면서 포기하지 말고 첫날처럼 목표 수행을 다시 시작하라. 이번에도 며칠 가다가 중단된다면 다시 또 시작하고. 그러다 보면 변화에 익숙해질 것이다.

행동은 의지에서 나온다. 사람이 가진 것 중에 최고의 의지를 발휘하게 하는 건 뭘까? 한 석공 이야기가 교훈이 될 것 같다. 옛날 유럽 어느 나라에 궁전을 짓는 석공들이 있었다. 어떤 사람이 각각의 석공에게 다가가 지금 무슨 일을 하고 있는지 물었다.

그러자 첫 번째 석공은 "돌을 쪼고 있습니다."라고 대답했다. 두 번째 석공에게 같은 질문을 던졌더니 "가족을 부양하기 위해 일하고 있습니다."라고 대답했다. 그런데 마지막 석공의 대답이 걸작이다. 그는 "유럽에서 가장 아름다운 궁전을 짓고 있습니다."라고 대답한 것이다. 위 3명의 석공 중 누가 가장 아름다운 돌을 깎아 낼지 예상되지 않는가.

위 예화는 어떤 마음으로 계획을 짜고 실천해야 할지 방향을 알려 준다. 워라밸을 마음으로 이해하고 그동안 바쁘게만 산 것을 억울해해야 한다. 돈이 인생의 전부가 아니란 것을 자책해야 한다. 이제라도 달라진 당신이 자신에 대한 선물이 되고 가족에게도 더 큰 행복을 선사할 수 있을 것이다. 단지 돌을 쪼는 석공이 아니라 궁전을 짓는 석공이 되어야 하는 이유다.

좁은 시야로 계획을 짜는 것과 넓은 시야와 포부를 가지고 계획을 짜는 것은 천지차이다. 새로운 습관으로 안착될지 여부도 그런 의식이 가름한다.

변화를 위한
나만의 계획 짜기와 실천하기

습관 훈련 계획표

제4부의 첫 번째 장 '워라밸 저울의 비밀, 그리고 제일 소중한 일'을 읽을 때 여가를 뜻깊게 할 수 있는 나만의 선택을 생각해 봤는지 모르겠다.

그것을 포함해 마지막으로 '워라밸을 위한 라이프 스타일 혁신'에 대해 이야기하려 한다. 그러자면 지금까지의 삶의 방식에서 워라밸을 이루는 데 방해가 되었던 것들을 적극적으로 바꿔 나가야 한다. 그래서 새로운 습관으로 몸에 배도록 해야 한다.

아예 습관 훈련 계획표를 짜면 좋다. 다음은 문화콘텐츠 창작자들을 지원하는 '경기 콘텐츠코리아 랩'에서 제시한 '습관 훈련'을 응용해서 만든 연간 습관 훈련 계획표의 예다.

여기서 중요한 것은 워라밸을 위해 자신이 바꾸고 싶은 행동

습관을 구체적으로 기입하는 것이다. 표에서는 워라밸을 위해 새롭게 실천하고 싶은 행동들을 <직장>과 <개인>으로 나누어 각 다섯 가지씩 예시해 보았다. 참고해서 자신의 경우에 맞춰 적어 보자.

■ 실천하고 싶은 새로운 습관 목표(연간)

[직장]

1. 정시 퇴근하기와 그러기 위해 근무시간에 집중하기
2. 근무 중 받는 스트레스는 그때그때 해소하기
3. 매월 1권, 직무와 관련한 책 읽기
4. 회식이나 동료와 음주 자리, 주 1회 내로 제한하기
5. 눈치 보지 않고 정당한 휴가 신청하기

[개인]

1. 매일 1~2시간 나만의 시간 갖기
   (활용은 내게 제일 소중한 일과 독서에 배정)
2. 이틀에 한 번씩 1시간 운동하기
3. 친교, 정보를 위해 월 1~2회 친구들 만나기
4. 아이와 어울리는 시간, 총량으로 주 3시간 이상
5. 주말엔 가족과 나들이, 외식, 같이 놀기 중 한 가지 반드시 실행

■ 새로운 습관 실천표(월간/주간)

　연간 습관 목표를 적었으면 아래처럼 실천표에 월간 계획과 주간 계획을 넣어 보자.

　이번 달에 중점적으로 실천할 습관을 월간 계획에 적는다. 이때 유의해야 할 건 한꺼번에 다 하려 든다면 실패할 수 있으니 한 달에 하나씩만 중점적으로 하고 나머지는 부가적으로 하는 것이다.

　예를 들어, 처음 두 달 동안에는 '<직장> 1. 정시 퇴근하기와 그러기 위해 근무시간에 집중하기'와 '<개인> 1. 매일 1~2시간 나만의 시간 갖기'를 중점적으로 실천하고, 나머지 2~5번은 부가적으로 해 보는 것이다. 그리고 다음 두 달 동안에는 두 번째 중점 목표를 정해서 실천하는 식으로 진행해 나가자.

　주간 계획에는 위의 실천을 위해 좀 더 세분해 기록하면 된다.

	구체적 계획	평가
월간 목표		
1주 차 목표		
2주 차 목표		
3주 차 목표		
4주 차 목표		

■ 새로운 습관 실천 점검표(일일)

마지막은 계획표가 아니라 새로운 습관 실천 점검표다. 새로운 습관 훈련과 관련해 그날 수행한 내용을 가계부 적듯 일별로 기록하면 된다. 스마트폰의 캘린더 어플을 점검표로 활용하면 좋을 것 같다.

가령 '6시 퇴근 / 저녁에 피트니스 1시간 / 아이와 레고놀이 30분 / 직무 도서《OOO》읽기 1시간', 이런 식으로 쓰면 된다. 기입한 내용은 한 달 후 자기평가의 자료가 되니 가급적 빠짐없이 적도록 하자.

20 년 0월	수행한 내용	평가
1일		
2일		
3일		
4일		
5일		
6일		
7일		
8일		
9일		
10일		

20 년 0월	수행한 내용	평가
11일		
12일		
13일		
14일		
15일		
16일		
17일		
18일		
19일		
20일		
21일		
22일		
23일		
24일		
25일		
26일		
27일		
28일		
29일		
30일		

제4장_지금이라도 행동으로 변하라

이런 기록에서 계획 못지않게 중요한 것은 실천에 대한 자기 평가다.

한 달간의 실천 점검표와 원래의 월간/주간 계획표를 비교해 잘 이행되었는지 확인하자. 방법은 간단하다. 한 달 기준으로 정시 퇴근한 날 수, 운동 횟수, 아이와 놀기 총 시간 등 항목마다 실천한 내용이 월간/주간 계획표만큼 달성되었는지 점검해보는 것이다

평가 방식은 항목마다 0~5점의 점수를 매기도록 한다. 단순히 이행, 불이행으로 구분하면 불분명하니까. 점수는 잘 수행된 항목에는 5점, 보통 정도로 수행된 항목에는 3점, 그 이하에는 0~2점을 주면 된다.

점수에 따라 상벌도 두는 게 좋다. 4점이나 5점을 받은 항목에는 보상을 하고 3점 이하의 항목에는 벌칙을 주는 식이다. 상벌을 두는 이유는 동기부여를 높이거나 경각심을 주어서 실패하지 않는 워라밸 훈련이 되게 하려는 뜻이다.

상벌은 스스로 정해야 하는데 보상은 자신을 기쁘게 하는 것, 벌칙은 자신을 힘들게 하는 것이면 된다. 뭐가 있을까. 보상으로는 맛있는 것 먹기, 영화 보기, 벌칙으로는 금식, 주말 하루 종일 가족한테 봉사하기 등 자신만의 의미 있는 것들을 찾아보자.

10년, 20년 목표도 세워 보자

　워라밸 계획표를 짜면서 시야를 넓혀 미래 계획도 구상해 보면 재미있을 것 같다. 3년 후, 5년 후, 10년 후 어떤 삶을 살기를 원하는지 목표를 가져 보는 것이다. 이를 통해 자신을 객관적으로 바라볼 수 있고 꿈을 더욱 확장시켜 나갈 수도 있다.

■ 10년간 목표

연도	목표	평가
20 　 년		
20 　 년		
20 　 년		
20 　 년		
20 　 년		
20 　 년		
20 　 년		
20 　 년		
20 　 년		

　장기 목표는 큰 단위이니 시시콜콜 적을 필요는 없다. 꼭 이루고 싶은 것 세 가지 정도만 적어 보자. 진짜 이루고 싶은 꿈을 스스로 다짐해 보는 것이다.

예를 들어, 현재 요리학교에 다니고 있고 최고의 서양요리사가 되겠다는 꿈이 있다 치자. 1~3년 차는 요리사로서의 실력 다지기 기간이 될 수 있고, 5년 차에는 해외유학을 통해 특정 분야 전문 요리사로의 꿈을 높일 수 있을 것이다. 그리고 10년 차에는 호텔급 식당의 선임 요리사 혹은 맛으로 인정받는 서양요리 전문점의 주인이 되겠다는 목표를 세울 수 있겠다.

제5장

워라밸러들
에게서
배운다

성격 유형에 따른
워라밸 스타일

나는 어떤 유형에 속할까

광고회사 이노션 월드와이드가 '대한민국 워라밸을 찾는 사람들'이라는 보고서를 발표했다. 그 내용 가운데 다섯 가지로 분류한 워라밸 관련 실천 유형이 있어 눈길을 끈다. 다음이 그 것이다.

▲홈매니저형 ▲사교형 ▲뷰티형 ▲헐크형 ▲금손형

먼저 홈매니저형은 가정에서 워라밸을 찾는 유형이다. 주로 내향적이며 안정을 추구하는 성격의 사람이 이에 해당된다. 사교형은 지인들과 어울리는 가운데 행복을 찾는 유형이다. 주로 외향적이며 즐거움을 추구하는 성격의 사람이 이에 해당한다.

뷰티형은 자신의 아름다움을 가꾸는 데서 행복을 느끼는 사람들, 헐크형은 건강관리나 운동을 통해 워라밸을 찾는 사람들, 금손형은 그림 그리기나 꽃꽂이 등 손기술을 이용하는 취미생활에서 행복을 찾는 사람들이다.

당신은 어떤 유형에 속하는가? 아직 워라밸을 찾는 과정에 있다면 위 다섯 가지 유형 중 당신의 성격이나 특성에 맞는 것을 골라 실천해도 좋다. 각각의 유형에서 의미를 둘 수 있는 활동들을 정리하면 다음과 같다.

- 홈매니저형: 집 꾸미기, 자녀교육, 가족과 함께하는 시간, 독서, 기타 자기계발 등
- 사교형: 지인들과 맛집 탐방, 취미생활, 모임, 파티, 여행 등
- 뷰티형: 다이어트, 댄스, 요가, 마사지 등
- 헐크형: 건강을 위한 운동, 헬스 트레이닝 등
- 금손형: 악기 연주, 그림 그리기, 꽃꽂이, 특기 계발 등

또 다른 분류도 있다. 요즘 뜨고 있는 스타일별 워라밸 트렌드를 소개하면 다음과 같다.

▲미니멀리즘(minimalism) ▲휘게(hygge) ▲라곰(lagom) ▲오캄(au calme)

미니멀리즘은 단어 뜻 그대로 최소한의 필요만을 추구하는 생활 방식이다. 현대인의 가정을 방문해 보면 온갖 살림살이 도구로 복잡한 모습이다. 복잡함은 마음을 어지럽게 하는 방해꾼으로 작용한다. 정리해 보려 하지만 한계에 부딪쳐 포기해 버리고 만다. 여성들의 경우 정리 스트레스로 우울감을 느끼기도 한다.

미니멀리즘은 이런 문제에서 벗어나고픈 갈망에서 탄생했다. 사실 인간은 너무 많은 것 없이도 살 수 있는 존재다. 사물로 인해 스트레스를 받는다면 그건 소유욕을 버리지 못해 생기는 문제다. 법정 스님은 수필집《무소유》를 통해 간소한 삶으로도 행복할 수 있음을 보여 주었다. 미니멀리즘은 주변을 간소하게 함으로써 행복을 느끼는 워라밸 스타일이다.

휘게는 덴마크어로 '따뜻함', '아늑함'을 뜻한다. 이는 내가 좋아하는 사람들과 함께 따뜻함과 여유로움을 추구하는 삶이다. 이들의 특징은 혼자가 아닌 가족, 친구 등과 함께하는 데 있다. 또, 요란스럽지 않고 소박한 것에서 행복을 찾는다. 안정되면서도 사람들과의 관계를 중시하는 성격에 적합한 워라밸 스타일이다.

라곰은 스웨덴어로 '적당한', '딱 알맞은'을 뜻한다. 이들은 절대 무리하지 않으며 작더라도 실현 가능한 계획을 세워 성취를 맛보는 특징이 있다. 더 크고 많은 것을 갖고 싶어 하는 인간 본

능의 반작용으로 등장했다. 앞에서 언급했던 소확행과 비슷한 라이프 스타일이다.

이런 소박한 삶의 추구 방식은 작은 것에도 만족할 줄 아는 인성을 길러 준다는 점에서 의미가 있다. 스케일이 큰 사람이라면 어렵겠고 소박한 성격의 소유자들에게 적합한 워라밸 스타일이라 할 수 있다.

오캄은 프랑스어로 '고요한', '한적한' 분위기를 뜻한다. 각박한 일 속에서 벗어나 고요하고 한적한 곳에서 평온을 얻으려는 인간 본능에서 비롯된 개념이다. 편안한 휴식처를 찾는다는 의미에서 앞에서 언급한 케렌시아와 비슷한 부분이 있다.

아무리 한적한 장소라도 여러 사람이 모이면 고요를 누리기 힘들므로 오캄은 주로 홀로 여유롭고 한적한 시간을 가지려는 스타일의 사람에게 적합하다. 오캄을 누릴 수 있는 최적의 장소는 '자연'이다. 초록과 느긋함이 있는 숲속이라면 그보다 더 좋을 수 없다.

하지만 회사나 집에서도 오캄을 즐기지 말라는 법은 없다. 혼자 조용히 쉴 수 있는 방이나 휴게실이 있다면 그곳에서 차 한 잔과 함께 나만의 오캄에 잠길 수 있다.

6명의 워라밸러들을 만나 보았다

꼭 위의 유형 어디에 속해야 워라밸러인 건 아니다. 워라밸이 추구하는 궁극의 방향은 물리적인 조건이 아니라 삶의 가치성을 분명하게 세워서 행복과 만족을 얻는 것이니까.

이를 전제로 현실의 워라밸러들을 찾아보기로 했다. 독자에게 더 쉽게 전달되게 하기 위해 아래처럼 익숙한 말로 유형을 분류한 후 어울린다고 생각되는 사람들을 만나 보았다.

이어지는 6명과의 인터뷰가 그것이다. 타산지석, 벤치마킹이란 말이 있듯이 인터뷰에 나온 사람들의 목소리에 귀를 기울여 보자.

- 가정형: 가족과의 시간을 소중히 보내는 사람
- 운동형: 운동의 생활화로 힐링을 얻는 사람
- 직장형: 일이 주는 보람에서 워라밸을 찾는 사람
- 꿈형: 계단을 오르듯 꿈을 키워 가는 사람
- 취미형: 아마추어 밴드로 청년을 누리는 사람
- 봉사형: 사회봉사로 나눔을 실천하는 사람

가족과의 시간을 소중히 보내는 사람_ 신승철

워라밸이 한국 사회에 던지는 메시지 중 하나는 가족에 대한 되새김일 것이다. 많은 경우 워라밸로 주어질 여가의 중심은 가정이 될 것이기 때문에 그렇다.

그런 의미에서 가족형 워라밸러를 찾아 나섰다. 생각보다 우리 사회에서 가족형 워라밸러는 찾기 쉽지 않았다. 사실 기준도 모호하다. 가족이 어떤 모습이어야 하는가 하니 명쾌한 정의가 그려지지 않았다. 독자들도 똑 부러지게 말하긴 어려울 것 같다.

이런 가운데 만난 신승철 씨(47세, 인문교양서 작가)는 가뭄에 단비 같은 사람이다. 그는 철학박사다. 여러 대학에서 강의하는 강사이자 많은 교양서를 출간한 저자이기도 하다.

신승철 씨 역시 과거에는 남들과 비슷한 패턴의 삶을 살았다. 2005년경 박사 과정에 있을 때 아내 이윤경 씨(46세)는 출판사에서 근무하며 남편을 뒷바라지했다. 학위를 따자마자 신승철 씨는 철학 관련 연구소에 취직해 맞벌이 부부 대열에 합류했다.

그렇게 한동안 직장과 가정을 오가는 사이 두 사람은 뭔가를 침해받고 있다는 생각이 들었다. 늦은 귀가 시간과 대화가 점점 줄어 가는 가정이 원인으로 도드라졌다.

"이대로는 안 되겠어요."

아내가 먼저 문제를 터뜨렸다. 남편도 답답함이 목까지 꽉 차 있기는 마찬가지였다. 신승철 씨가 대안을 내놓았다.

"우린 생각이 서로 비슷하니 함께할 수 있는 일을 찾아보는 건 어떨까?"

아내도 맞장구쳤다.

"그것 좋은 생각이네. 그렇게 해 봅시다."

그렇게 부부는 작당하고 중대한 결정을 내리기에 이른다. 나란히 직장을 그만두고 '철학공방 별난'이라는, 함께 일하는 공간을 꾸몄다. 서울시 문래동 예술촌에 부부가 함께할 수 있는 일터이자 놀이터를 만든 게 그것이었다.

'철학공방 별난'에서 두 사람은 보통 사람들의 직장 근무시간인 오전 9시에서 오후 6시까지의 시간을 함께한다. 신승철 씨가 주로 하는 일은 글쓰기, 토론 그리고 생태철학과 관련한 세미나 참석, 강의 등이다. 대학에서 문예창작을 전공한 아내는 남편 일을 도우면서 토론과 책 쓰기를 함께 진행했다.

이곳에서 신승철 씨의 많은 책들이 탄생했다. 아내와 공동 저작한 책도 있다. 대표적 저서로는 《달려라 청춘》, 《체 게바라와

▲ 신승철 씨는 '철학공방 별난'의 동료이자 아내인 이윤경 씨와 하루의 대부분을 보낸다.

여행하는 법》,《갈라파고스로 간 철학자》 등이 있다. 이 중《달려라 청춘》,《체 게바라와 여행하는 법》 등은 아내와 공동 저작으로 출간한 책이다.

'철학공방 별난'은 삶의 고뇌를 털고자 하는 철학 청년들의 로터리 같은 곳이기도 하다. 이들 부부를 따르는 청년들이 많이 찾아온다. 부부는 생태철학을 고민하면서 청년들과 세미나를 열며 다음에 낼 책을 구상한다.

빠르게 변화하는 사회와 달리 두 사람은 '느림의 철학'을 추구한다. 특별한 일이 없을 때면 오후 6시에 정시 퇴근하는데 신승철 씨의 행복은 이때 더 깊어진다. 도보로 40여 분 거리인 집까지 아내와 같이 걸으면서 대화할 수 있기 때문이다. 40분은 생각보다 긴 시간이다. 마치 연애하는 커플처럼 뚜벅이 대화가 펼쳐지는 두 사람만의 오붓한 동행이다.

그뿐만이 아니다. 집에서 신승철 씨는 아이로 변신한다. 아내와 장난치고 키득거리고 아이 목소리로 어리광을 부리기도 한다. 아내는 이런 남편의 모습에 마냥 행복해한다. 가정을 가꾸고 행복한 살림을 할 줄 아는 두 사람이다.

신승철 씨가 가정에서 느끼는 행복의 절정은 또 아내와의 대화 시간이다. 매일 빠뜨리지 않는다. 하루 종일 함께하면서 또 무슨 대화? 싶겠지만 두 사람의 진짜 대화는 이때부터다. 은은한 커피 향을 즐기며 낮에 있었던 일에 대한 서로의 생각, 예정

된 세미나에 대한 계획, 미래의 꿈에 대한 이야기까지 나누다 보면 어느새 두 시간이 훌쩍 지난다.

"당신 피곤하지 않아요?"

"피곤하기는요. 당신과 이야기하다 보면 신나는 걸요. 호호호."

신승철 씨는 아내와 더러 가벼운 술잔을 기울이다 잠자리에 들기도 한다. 그리고 아침에는 티타임을 갖는다. 바쁜 아침 시간에 웬 티타임? 하겠지만 '철학공방 별난'의 취지에 따라 느림의 미학을 추구하니 가능한 일이다. 그야말로 대화가 넘치는 부부다.

두 사람을 보며 여러 생각이 스쳤다. 처음엔 아이가 없으니 저런 생활도 가능하겠지, 라고 느꼈는데 취재 과정에 서로를 보는 표정에서 생각이 바뀌었다. 두 사람의 눈빛에서 진심 어린 행복이 읽혔기 때문이다.

행복의 원천은 다른 곳에 있는 게 아니라 서로 사랑하고 위해주는 가정에 있음을 다시금 되새길 수 있었다. 두 사람에게 그것은 가정형 워라밸러가 꿈꾸는 목표라기보다 생활이었다.

이들 부부는 자신들이 살아가는 이야기를 담은 자전적 에세이도 냈다. 《저성장 시대의 행복사회》라는 책이다. 두 사람은 책을 통해 행복을 단지 자신들의 소유로만 여기지 않고 사회와 나누고 싶은 비전으로 설파한다.

운동의 생활화로 힐링을 얻어요_ 윤새봄

워라밸의 중요한 요소 중 하나가 건강이다. 그래서 소개한다. 이른바 운동형 워라밸족이다.

윤새봄 씨(34세, 변호사)가 딱 그런 사람이다. 그녀가 즐기는 운동은 크로스핏(Crossfit)! 아마도 생소한 사람이 많을 것 같다. 크로스핏은 여러 종류의 운동을 고강도로 진행해 온몸의 근육을 고루 발달시키는 운동이다.

대형 로펌에서 근무하는 변호사인 윤새봄 씨는 얼핏 과격한 운동과 잘 어울려 보이지 않는다. 아버지가 기업의 해외 주재원이었던 까닭에 네 살 때부터 외국 생활을 한 그녀는 초등학교를 베네수엘라에서, 중학교를 파나마에서, 고등학교를 멕시코에서 다녔다.

대학은 혼자 귀국해 기숙사에서 지내며 이화여대 국제학부를 다녔다. 외국 생활이 길었던 그녀의 눈에 이대 주변의 유흥문화는 그야말로 마음을 흔들기에 충분했다. 온갖 즐길 거리와 먹거리가 널려 있었으니까. 2학년 때 한국에 다니러 왔던 엄마가 딸을 보고는 기겁을 했다. 1년 사이 살이 5kg이나 쪄 있었다.

이 일이 윤새봄 씨가 운동과 만난 계기가 되었다. 피트니스에 등록하고 매일 5km 달리기와 근력 운동을 했다. 이때 시작한 운동을 10년 넘게 이어 오고 있다. 다이어트를 위한 운동은 목적이 달성되면 느슨해지는 경우가 많다. 그런 면에 비춰 보면 그녀는 운동에 남다른 DNA가 있는 것 같다.

대학을 마친 윤새봄 씨는 미국 로스쿨에 들어가 3년 후 변호사 자격을 취득했다. 그리고 2011년 말 귀국해 로펌에 취직하면서 변호사로 활동하고 있다.

변호사로서의 그녀는 국제중재 파트를 맡고 있다. 주된 업무는 국제분쟁 사건의 처리와 우리나라 고객이 해외에서 소송이 걸렸을 때 대리하는 일이다. 일은 대개 여러 건이 겹쳐서 진행되어 늘 바쁘다.

변론 기일이 있을 때는 오전부터 종일 변론에 나서기도 한다. 나머지 시간 역시 변론 준비로 보낼 때가 많다. 변론서 50~100장씩을 쓰노라면 밤을 새우기도 한다. 또, 로펌 역시 직장이다 보니 인간관계에서 겪는 스트레스가 없을 수 없다.

윤새봄 씨는 이런 와중에도 운동을 잊는 법이 없다. 새벽까지 일할 때도 잠깐 눈을 붙인 후 아침 1시간 땀을 흘리고 출근한다. 평시에는 주로 점심과 저녁 시간에 운동을 한다. 점심을 간단히 때우고 회사 근처의 박스(box, 크로스핏 체육관을 부르는 말)를 찾는다. 저녁때는 박스로 직행한다. 회사 동료들도 그녀의 운동 사랑을 알기 때문에 붙잡지 않는다.

"이제는 운동이 일상이 되어 버린 느낌이랄까. 운동을 안 하면 기분이 안 좋아요."

왜 운동이 좋으냐는 우문을 던졌더니 현답이 돌아왔다.

"운동하는 동안 딴생각을 안 하게 되는 게 무엇보다 좋은 것 같아요. 단기간의 효과라면 일 때문에 복잡해진 머리를 맑아지게 하고, 장기간의 효과는 당연히 건강과 체력이 향상되는 부분이죠."

이어서 "그냥 운동이 좋아서 한다는 게 맞을 것 같아요. 좋아하는 게 생긴 거죠."라고 대답하는 그녀다. 좋아하는 게 있다는 건 곧 인생의 행복점과 연결되니 의미가 크다.

　운동 이력이 10년을 넘으니 우여곡절도 많다. 처음엔 러닝만 주로 했더니 무릎이 안 좋아졌다. 그래서 다른 운동을 찾아 필라테스, PT 등 여러 헬스장을 전전했다. 그러다가 2017년 현재의 크로스핏을 알게 되었다.

▲ 윤새봄 씨(오른쪽에서 두 번째)는 틈틈이 각종 대회에 참가해 운동 성과를 체크하며 스스로를 다잡는다.

　크로스핏은 종목이 다양하다. 맨몸으로 하는 턱걸이, 푸시업, 윗몸일으키기 등과 기구를 이용하는 러닝, 자전거, 바벨, 로잉(실내 조정경기) 등 수십 가지가 있다. 이런 운동을 매일 다른 구성으로 수행한다. 그리고 운동 성과를 박스에서 관리해 다음 운동 종목의 구성에 활용한다. 이 모든 건 회원들이 보는 페이스북을 통해 공유한다. 페이스북에 오늘은 어떤 종목이 뜰까, 기대하는 것도 재미있단다.

윤새봄 씨가 소속한 박스는 '크로스핏 강남삼성점'. 이곳의 대표인 김현우 코치(36세) 자체가 크로스핏의 롤 모델이다. 근육 키우기가 주목적인 보디빌더와는 달리 크로스핏으로 단련된 강인한 몸을 보자면 이 운동의 매력에 빠지지 않을 수 없다.

그녀가 들려주는 크로스핏의 세계는 한마디로 익사이팅하다. 1년에 한 번 박스들끼리 기량도 겨룬다. 2017년, 비록 입상은 못했지만 소속한 박스의 3인조 대표팀에 뽑혀 출전한 적도 있다.

2018년에는 실내 철인3종경기인 트라이어돈(Triathon) 챔

피언십 대회에 나가 12위를 차지했다. 매년 세계 대회도 열리는데, 2018년 그녀는 여성 참가자 17만 2,000여 명 가운데 4만 9,215등을 했다.

"크로스핏이 직장에서의 업무 효율도 높여 줘요. 운동하러 가야 하니까 시간을 아껴 쓸 수밖에 없죠. 그만큼 일의 효율이 더 좋아지는 것 같아요."

그녀는 같이 크로스핏을 하는 사람들을 '전우'라고 불렀다.

"함께 땀 흘리며 떠들다 보면 금방 친해져요. 운동에 에너지를 소모하기 때문에 사람들과 싸울 일도 없어요. 가족 같은 분위기죠."

어렵게 여가 시간을 마련하고도 뚜렷한 계획이 없는 사람들이 있다. 이에 윤새봄 씨는 아직 무엇을 할지 정하지 못했다면 크로스핏을 적극 추천한다며 목소리를 높였다.

"육아를 하면서 건강이 나빠지거나 몸 관리를 못한 사람들이 크로스핏을 통해 좋아지는 걸 많이 봤어요. 사람들이 긍정적으로 변하는 것도 느껴요. 크로스핏은 운동을 넘어 커뮤니티 차원이에요. 최근 이사를 했는데 전우들이 이삿짐도 들어 주더군요."

윤새봄 씨는 여행을 가도 제일 먼저 찾는 게 크로스핏을 할 수 있는 박스다. 정말 좋아하는 또 하나의 자신만의 열정을 가진 그녀는 군이 워라밸이라는 말을 붙이지 않아도 진정 행복해 보였다.

일이 주는 보람에서 워라밸을 찾지요_ 차정철

　진정한 워라밸은 일에 대한 태도도 바꿀 것을 권한다. 설령 '먹고살기 위해' 일한다 해도 그런 수동적인 태도로는 행복해질 수 없다. 직장은 하루 중 깨어 있는 시간의 절반 이상을 할애할 만큼 삶에서 차지하는 비중이 크기 때문이다.

　그런 만큼 자아실현, '일의 재미'와 같은 말도 직업에 대한 자기 주관이 약하면 공감하기 어려울 것이다.

여기 자신의 일이 보람되고 즐겁다는 사람이 있다. 돈을 많이 줘서? 비전이 커 보여서? 그보다는 일을 받아들이는 태도인 것 같다.

차정철 씨(40세, 사회복지사)는 이랜드 복지재단에서 운영하는 창전데이케어 센터장이다. 매일 24명의 경·중증치매 어르신들을 돌보는 일을 하는 사회복지사다. 창전데이케어센터를 방문했을 때 마침 치매 노인들에 대한 교육이 열리고 있어 그가 하는 일을 실감할 수 있었다.

케어센터는 주간조와 야간조로 나뉘어 일한다. 주간 근무자가 차량으로 치매 어르신들을 모셔와 낮 시간 동안 돌보고 해가 뉘엿할 무렵 야간 근무자가 교대해 돌봄을 이어 가다가 각 가정에 다시 모셔다 드리는 방식으로 운영된다.

치매 환자 중에는 가족의 종일 보살핌을 받기 어렵거나 숙식이 가능한 시설에 입주할 여건이 안 되는 사람들이 많다. 창천데이케어는 그런 입장에 있는 치매 환자들을 하루 단위로 맡아서 안전하게 돌봐 주는 곳이다.

알다시피 치매는 암보다도 무거운 병으로 인식된다. 예측 못할 행동으로 환자 본인이 위험에 처할 수 있고 심할 경우 가족까지도 소통 불능 상태를 경험하기도 한다. 그렇다고 확실한 치료약이 있는 것도 아니다. 이런 형편이다 보니 가족 역시 정신적, 육체적으로 힘들 수밖에 없다.

차정철 씨는 중증치매 환자를 대하는 시각이 남다르다.

"중증치매 어르신을 볼 때마다 나 자신이 겸손해지는 것 같아요. 질병과 죽음 앞에서 교만한 사람이 없듯 치매로 고통 받는 어르신들을 만나면서 저 자신을 돌아보게 되었지요. 그리고 왜 이 일을 하는지, 일을 통해서 무엇을 얻고자 하는지 지속적인 동기부여를 받게 되는 것 같아요."

치매 증상은 매우 다양하게 나타나는데 배회, 공격성, 기억장애, 언어장애 등이 그런 모습이다. 차정철 씨는 치매 환자를 돌보다가 상상을 넘어서는 황당한 일도 겪었다.

케어센터 근무 초창기의 일이다. 치매 어르신을 휠체어에서 내려 차량에 태우려는 순간 갑자기 그의 얼굴에 퉤- 하고 침을 뱉는 것이 아닌가. 순간 수치스럽기도 하고 너무 놀라 당황했던 기억이란.

또 한 번은 치매 어르신이 케어센터 복도에서 갑자기 바지를 훌렁 내리는 것이었다. 복도가 화장실이 될 판이었다. 다행히 재빠르게 화장실로 인도해 황당 사태는 벌어지지 않았다. 그 외에 휴지통에 변을 보는 환자, 자해를 하는 환자 등 돌발 상황이 수시로 벌어지는 곳이 치매 케어센터다.

차정철 씨는 이런 일들을 겪으며 처음엔 많이 힘들었다. 하지만 어쩔 수 없는 처지에 빠진 환자들에 대한 이해가 깊어지면서 어렵던 일이 보람으로 바뀌기 시작했다.

차정철 씨가 사회복지사로 일한 것도 벌써 11년째. 치매 노인들에 대한 이해와 헌신은 변함이 없다. 그 사이 중년의 나이가 되었지만 앞으로도 곁눈 팔지 않고 같은 길을 가겠다는 그다.

케어센터에는 야간조가 편성되어 있기 때문에 주간 근무자가 야근을 할 일은 거의 없다. 센터장으로 일하는 차정철 씨 역시 정시 출퇴근이 생활화되어 있다. 그런 만큼 퇴근 후 가정에서 보내는 시간이 많다. 그 시간을 이용해 일주일에 이틀은 수영으로 체력을 단련하고, 그렇지 않은 날에는 식구들과 같이 저녁을

▲ 차정철 씨는 어르신들의 생일을 각별하게 챙긴다. 생일 지낼 일이 많이 남은 젊은이들보다 느낌이 더 소중할 수 있기 때문이다.

준비한다.

아내가 건강이 좋지 않아 도움을 필요로 하기 때문이다. 사춘기인 두 아들도 저녁시간에 집에 있을 때면 뭐라도 돕는다. 그의 집에서는 익숙한 풍경이다.

차정철 씨는 아이들과 함께 밥 먹고 TV를 보는 저녁시간이 제일 즐겁다. 하지만 둘째를 보면 미안한 마음을 지울 수 없다. 어릴 때부터 약간의 발달장애를 앓고 있기 때문이다.

바깥일 하기도 벅찬데 집안일까지 하자면 심신이 소진될 수밖에 없다. 더러는 힘에 부치는 때도 있다. 하지만 그때마다 더 어려운 사람들을 떠올리며 이겨 낸다.

자신이 돌보는 치매 노인들과 그로 인해 고통 받는 가족, 한부모 가정, 조손 가정, 독거노인, 질병과 사고로 건강을 잃은 사람 등 그늘을 품고 사는 사람들에 대한 측은지심이다. 생각이 거기에 이르면 '잠시 사치에 빠졌네' 하며 마음을 추스르는 그다.

정시 퇴근을 하는 차정철 씨는 시간 면에서는 워라밸을 보장받는 삶이다. 가족과 보낼 시간적 여유도 넉넉하다. 하지만 가정에서의 그의 역할은 여느 집 가장처럼 느긋하지만은 않다. 더 각별히 챙겨야 할 가족이 있기 때문이다.

차정철 씨를 보면 사회복지사라는 직업이 천직이라는 생각이 든다. 더 어려운 처지의 사람들을 보살피며 그 자체로 삶의 보람을 느끼는 그는 사회의 소금이라 해도 틀리지 않다. 그런 소임을 담당하고 있는 것에 대한 자부심과 확고한 의지는 또한 그의 삶을 지탱해 주는 버팀목이기도 하다.

사람은 자신이 하는 일에서 의미와 보람을 찾을 수 있을 때 사람답다. 그래야 그 일이 즐겁고 기쁠 수 있지 않겠는가. 이런 면에서 보면 차정철 씨는 직장형 워라밸러로 불러도 손색이 없다.

어떤가. 당신이 혹시 일에 빠져 지내느라 다른 데 눈길을 줄 여유가 없다면 이제라도 발상을 달리해 보자. 기왕에 그런 입장이라면 어떤 명분으로, 무엇을 위해 일하는지 당위성을 찾아보자. 자신의 일에 대한 재발견이 이루어진다면 출근길이 훨씬 가벼워질 것이다.

꿈형

계단을 오르듯 꿈을 키워 갑니다_ 김진하

워라밸을 추구한다면 스스로 점검해 봐야 할 것 중 하나가 '꿈'이다. 나에게 꿈이 있는가. 나는 그 꿈을 위해 살고 있는가.

요즘의 20대는 꿈을 잃은 세대라는 둥 말들이 많다. 하지만 여기 당차게 자신의 꿈에 도전하는 젊은이가 있으니 김진하 씨(26세, 요리사, 캐나다 토론토 거주)가 그 주인공이다.

김진하 씨는 중학생 때부터 요리사를 꿈꿨다. 부모의 권유로 인문계 고등학교에 들어가긴 했지만 꿈은 쉽사리 사그라지지 않았다. 결국 고등학교 3학년 때 요리학교로 전학하는 급변을 치르고 대학도 고려전문학교 호텔조리학과를 택했다.

김진하 씨는 좀 더 일찍 실전 요리에 뛰어들고 싶었다. 그래서 대학 1년 만에 자퇴서를 내고 2012년 겨울 스텐포드 호텔 주방에 막내로 들어갔다. 잡일부터 했다. 샐러드 등 차가운 음식을 만드는 파트에 배치되어 불보다는 칼을 다루는 일이 훨씬 많았다. 덕분에 요리사의 기본인 칼 쓰는 법을 잘 익힐 수 있었다. 더 시간이 지나서는 스테이크, 파스타 같은 요리를 할 수 있는 기회도 주어졌다.

호텔 주방 근무는 1년여 지속되었다. 그런데 실전에 나서기 전에는 무시했던 학력에 대한 아쉬움이 새삼 다가왔다. 그때 떠오른 것이 유학이었다. 막연히 캐나다를 떠올렸다. 다인종, 다문화 지역이라 다양한 음식을 접하고 배울 수 있겠다는 생각에서였다.

2014년 초 스텐포드 호텔을 퇴사하고 같은 해 5월 캐나다 토론토로 떠났다. 비용은 일하며 모은 돈에 더해 부모님의 도움을 받았다.

첫 목표는 적응을 위한 어학 공부, 다음은 부모님 부담을 덜기 위해 일자리를 구하는 것이었다. 계획대로 어학원에 들어가 영어 공부를 했고, 반년이 지났을 땐 아사히 스시라는 일본 식당에 취업했다. 처음엔 주방 헬퍼였으나 1년여가 지나서는 주방까지 맡을 수 있었다. 스시 외에 테리야끼벤또, 튀김, 야끼우동 등 일식 요리를 익힐 수 있어 좋았다. 숙소는 셋집을 얻어 자취를 하는 게 주된 방법이었다.

일식당에서는 3년 반 넘게 일했다. 요리학교는 유보한 채 실전을 통해 실력을 쌓고 있는 셈이었다. 그러면서 캐나다의 명문 요리학교인 조지 브라운 칼리지(George Brown College; 약칭 GBC)에 들어갈 계획을 세웠다. 학비가 외국인에게는 훨씬 비싸서 한 학기에 8,000달러나 되었고,

▲ 김진하 씨가 일하는 캐나다 토론토에 소재한 일식당 '키보 아사히'에서의 어느 날.

입학 조건에 영어 에세이 쓰기가 있는 등 어학 능력도 꽤 갖추어야 하는 학교였다.

입학을 위한 맞춤형 어학원에 들어가 영어 공부를 더 한 끝에 2018년 1월 GBC의 베이커리(bakery) 1년 과정에 입학했다. 베이커리를 선택한 것은 새로운 영역에 도전해 보고픈 마음에서였다. 주 30시간의 수업 중 이론과 실습이 반반씩 진행되었다. 베이커리의 신세계를 보는 듯 새로운 배움이 좋았다.

GBC는 2학년이 되자면 편입 형태의 시험을 또 치러야 한다. 그 준비를 하던 중 토론토에 있는 프랜차이즈 일식당 키보 아사히(kibosushi.com) 본점에 취업했다. 앞서 스시 식당에서 일한 것이 도움이 되었다. 키보 아사히는 마켓과 레스토랑으로 운영되는데, 그녀는 마켓 판매용 음식을 만드는 일을 맡았다.

동료들과 메뉴 기획에도 적극 참여했다. 그중 하나는 마파두부. 일식당 메뉴로는 뜻밖이었지만 아사히 스시에서 일할 때 주방장이 홍콩 사람이어서 중국 요리를 배운 경험이 있었다.

그녀의 마파두부는 창의성이 곁들여져 있다. 두부를 바싹 튀긴 후 돼지고기, 가지, 검은콩, 고추기름 등이 들어간 소스에 넣고 끓여 내는 방식이다. 두부의 수분 대신 소스의 풍미를 느끼면서 고소함과 바삭함을 즐길 수 있는 요리다.

여기까지 들으니 전천후, 퓨전 요리사라는 생각이 든다. 한국에서의 호텔 요리, 캐나다에서의 일식과 중식, GBC에서의 베이커리 공부 등 맛의 세계를 두루 익히고 있는 그녀다.

셰프는 무거운 조리 기구를 다뤄야 하기 때문에 남자들이 훨씬 많다. 김진하 씨는 힘들 법도 하지만 티를 내지 않는다. 그래서인지 "넌 이 일이 정말 재미있나 봐."라는 말을 곧잘 듣는다.

"제가 하고 싶은 일을 하고 있어서 너무 행복해요. 일을 즐긴다는 게 무슨 뜻인지 알 것 같아요."

내친김에 그녀에게 캐나다인들의 근무 방식에 대해 물어보았다.

"이곳 법적 근무시간은 주 40시간이에요. 저희는 서비스업이라 좀 다른데 한국에서 주 50~60시간 일했다면 여기선 주 40~50시간 일해요. 또, 시급 개념이다 보니 초과 근무나 근무 일수에 대해서는 철저한 편이고요. 한국에서 일할 때보다 성취감은 높은 편이에요."

김진하 씨에게서 찾을 수 있는 가장 중요한 워라밸적 요소는 방향성이다. 자신이 가는 길에 대한 소신이 뚜렷하기 때문이다. 물론 꿈을 찾아가는 여정이 쉽지만은 않을 것이다. 그녀 역시 고민이 적지 않았다.

"한국에서의 일을 정리하고 유학을 결심할 때 정말 생각이 많았어요. 친구들은 자리를 잡고 승진을 할 시기에 혼자서 아무것도 아닌 사람이 되는 건 아닌지. 이래도 되나 하는 생각이 있었어요."

　　그럼에도 불구하고 김진하 씨는 하고 싶은 게 있으면 해 봐야 한다고 말한다.

　　"조금 돌아가더라도, 남들보다 늦춰지더라도 해 보고 싶은 걸 한다는 것은 그만큼 후회를 덜 수 있는 방법이라고 생각해요."

　　현지 생활도 즐긴다. 단풍으로 유명한 앨곤퀸 공원, 수시로 퍼레이드가 펼쳐지는 토론토 다운타운, 바다만큼이나 넓은 온타리오 호수는 캐나다에서만의 추억을 쌓아 가는 곳이다.

　　그녀는 자신의 꿈에 흠뻑 젖은 채 현지 생활을 이어 가고 있다. 한국에는 언제 돌아갈 생각이냐고 묻자 지금은 주어진 일에 최선을 다하고 싶다고 답했다. 귀국하게 된다면 GBC에서 배운 베이커리를 하고 싶다는 뜻도 슬쩍 내비친다.

　　꿈을 좇다 보면 사회적 편견의 벽에 부딪힐 수도 있다. 그럼에도 불구하고 삶에 꿈이 더해진다면 김진하 씨처럼 어려움에 맞설 수 있는 힘이 생기는 것 같다. 꿈은 사람을 역동적이게 하니까.

아마추어 밴드로 청년을 누립니다_ 최재철

　주변을 둘러보면 취미가 있는 사람과 없는 사람이 사는 모습은 확연히 다르다. 취미생활을 하는 사람의 삶이 활기차고 풍요로워 보이는 이유는 자신이 원하는 활동을 통해 얻는 활기와 즐거움 때문일 것이다.

취미형 워라밸러를 찾아 나섰다. 그러다 운 좋게 아마추어 밴드를 하는 최재철 씨(61세, 한국융합산업진흥원 원장)를 만났다. 그는 대학교수로 또 기업의 CEO로 살아온 사람이다. 또, 각종 방송 출연, 인기 블로거 등으로 유명세를 탄 셀럽이기도 하다. 그런 그가 어떻게 아마추어 밴드라는 취미생활을 하게 된 걸까?

9년 전, 그는 지인들과 청평의 한 라이브 카페에 들렀다. 그때 귀에 들려온 음악이 마음을 두드렸다. 고교 시절, 밴드 활동을 할 때 무수히 연주했던 곡이었다.

최재철 씨는 어릴 적에 방황하던 청소년이었다. 그때 마음을 잡아 준 게 밴드 활동이었다. 영혼까지 파고드는 소리의 하모니가 좋았다. 음악에 빠져 고등학교 3년 내내 밴드와 함께했고 그 활력으로 인생의 방향을 바로잡을 수 있었다.

하지만 대학과 직장 생활이 이어지며 밴드를 잊었다. 그런데 수십 년이 지난 어느 날 추억의 소리가 들려온 것이다. 자신도 모르게 무대로 걸어 나가 카페 사장에게 간청하듯 부탁했다.

"한번 연주하게 해 주시면 안 될까요?"

사장은 손님들이 보고 있는 라이브 무대를 아마추어에게 맡길 수는 없었는지 완곡하게 거절했다. 그럼에도 그는 끓어오르는 감정을 억제할 수 없었다.

"부탁입니다. 과거에 밴드를 했는데 지금 꼭 연주해 보고 싶네요."

사장이 마지못해 허락해 줘서 최재철 씨는 무대에 섰다. 그렇게 연주에 들어갔다. 그런데 이게 웬걸! 기타를 연주하는데 손가락이 마음과 따로 놀아 실수를 연발했다. 그래도 멈추지 않고 연주를 이어 갔다.

음악의 끝 부분으로 갈수록 잃었던 감각이 되돌아왔다. 그렇게 두 번째 곡을 연주했을 때 우레와 같은 박수를 받았다.

그날 밤, 잠이 오지 않았다. 일에 쫓겨 바쁘게만 살아온 삶이었다. 자신을 위해서 산 적이 없다는 생각이 맴돌았다. 오랫동안 이어져 왔던 가슴 한쪽의 허전함에 대한 답을 찾은 깃 같았다.

얼마 후 최재철 씨는 무언가에 이끌리듯 모교로 향했다. 그

▲ 경기도 파주에 소재한 엔자임하우스의 '나눔부엌' 행사에서 연주 중인 최재철 씨(오른쪽 첫째).

나를 나로 리셋하라

때 그 밴드실이 그대로 있을까. 놀랍게도 음악이 흘러나오고 있었다. 소리를 따라 밴드실의 문을 열었고 뜻밖의 장면을 목격했다. 옛 선배가 연주를 하고 있는 게 아닌가. 그 선배 역시 밴드의 추억에 이끌려 가끔 여기 온다는 것이었다.

최재철 씨는 모임에 가면 항상 앞에 서는 스타일이었고 조직을 만드는 데 타고난 재능이 있었다. 번개처럼 머리가 돌아갔다. 시니어 동문 밴드 결성을 떠올렸다. 그렇게 추억의 친구들을 모아 아마추어 밴드를 만들었다.

그의 활동은 여기서 그치지 않았다. 프로는 아니지만 연주회를 하고 싶었던 것이다. 연주회 기획서를 들고 동문회, 학교재단 등을 쫓아다니며 설득에 나섰다. 드디어 동문 음악회가 마련되었고 최재철 씨는 단장이자 전체 기획자로서 토크 형식의 색다른 음악회를 열었다. 호응은 뜨거웠다. 선배와 재학생이 어우러진 음악회는 관객들의 가슴에 뭉클한 감동을 선사했다.

그는 포크풍의 노래를 좋아하는데, 아끼는 노래는 김광석의 <그날들>, 팝송 <Let it be> 등이다. 밴드를 하며 좋아하는 노래를 마음껏 연주하고 불렀다.

뒤늦게 다시 시작한 밴드 활동은 그에게 삶의 중요한 부분이 되었다. 기타 연주를 하면서 노래 부르는 순간에는 세상을 다 가진 느낌이었다. 가슴 깊은 곳의 아픔도 치유되는 마법과 같은 무대였다.

그는 아예 차에 미니앰프와 기타를 싣고 다닌다. 언제 어디서든 연주를 하고 싶어서다. 대학 강의(전 건국대학교 창업지도교수) 때 수강생들에게 연주를 들려주었더니 반응이 뜨거웠다. 강의에 지장을 주는 게 아니라 도리어 활력소가 되었다. 이게 유명세를 탔는지 전국에서 강의가 쇄도했다.

지금은 대학교수와 기업 CEO로서의 삶을 접고 농산업 전문 컨설턴트를 하는 한국융합산업진흥원장으로 일하고 있다. 원장이라고 해서 사무실만 지키는 게 아니라 자신을 필요로 하는 기업, 학교, 사람이 있는 곳은 어디든 달려간다.

현재 그의 도움을 받으며 사업을 해 나가는 기업이 10여 개에 달한다. 귀농, 귀촌, 창업 및 프랜차이즈 컨설팅, 전통시장과 대학의 협력 사업, 노인복지 재원 조성, 지역문화유산 지적재산 관리 등 사통팔달이다.

최재철 씨가 강단에 설 때면 빠뜨리지 않는 게 분위기를 띄우는 연주다. 그런 면에서 그에게 취미생활은 일과 따로가 아니라 일의 한 부분으로 융합되어 있는 셈이다. 취미가 활기를 불어넣어 일의 생산력과 보람을 더해 준다.

최재철 씨는 매우 스마트한 사람이다. 지금 유행하고 있는 멀티숍, 숍인숍 개념을 이미 10년 전에 신문 칼럼으로 기고했을 정도다. 또, 멀티잡 개념을 표방하는 블로그를 열어 파워블로거 톱을 기록하기도 했다.

그와 인터뷰하며 받은 느낌은 '활력', '열정'과 같은 단어다. 이제는 노년을 바라본다는 점에서 고개가 절로 숙여졌다. 도대체 어디서 저런 에너지가 뿜어져 나올까? 아마도 그 밑바닥에는 오랜 음악 사랑이 있을 것이다.

당신이 워라밸을 통해 삶의 활력을 찾고자 한다면 최재철 씨처럼 내면의 에너지를 끌어낼 수 있는 취미 하나 정도 가져 봄이 어떨까! 단지 여가를 즐기는 것을 넘어 내 안의 기쁨을 끌어낼 수 있는 취미 말이다.

사회봉사로 나눔을 실천해요_ 최도현

▲ '마음모아가족봉사단' 행사에 참가한 최도현 씨 가족.

'사회 복지의 증진을 도모하기 위해 하는 행위.' 인터넷 지식 백과에 나오는 사회봉사에 대한 정의다.

기왕이면 '자발적인', '우러나는 마음에서' 같은 말도 덧붙였으면 좋겠다. 정치인들이 카메라 앞에서 하는 사회봉사, 범죄자에게 죗값의 일부로 치르게 하는 사회봉사명령 같은 것을 볼 때면 왠지 봉사의 진정성이 훼손되는 것 같아서 드는 생각이다.

사회봉사는 도움이 필요한 누군가에게는 힘이 되고 봉사를 하는 사람은 보람을 얻으니 매우 가성비 높은 선택인 것 같다. 달리 표현하면 몸으로 하는 기부라고 할 수 있다.

최도현 씨(47세, 헤드헌터)는 그 맛을 아는 사람 중 하나다. 그는 사회 경제적으로는 일찌감치 성취도 맛본 직장인이다. 능력을 인정받아 중견급 신발 유통업체인 윙스풋코리아의 본부장에까지 올랐다. 그런데 잘나가던 그 시절이 그에게 각성을 주었다.

너무 바빴고 워라밸과는 거리가 먼 생활이었다. 거래처 관리, 야근, 회식 등으로 정신없이 지내는 나날의 연속이었다. 실적 압박이 상당했고, 경기 침체와 더불어 찾아온 매출 하락으로 극심한 스트레스에도 시달렸다.

오랜 고민 끝에 직장을 바꿔 헤드헌터 업무로 옮겼다. 처음엔 적응하느라 힘들었지만 3년여가 지난 지금은 어느 정도 안정궤도에 들어섰다. 9시 반 출근에 6시 반 칼퇴근이다. 시간적 여유를 얻은 까닭에 출근 전 회사 근처 헬스장에서 운동도 할 수 있다.

업무에서의 변화와 함께 삶에도 작은 변화의 물결이 일었다. 일하는 환경은 개선되었는데 여전히 뭔가 채워지지 않는 공허가 따라다녔다. 그때 우연히 지역의 구청에서 봉사단원을 모집한다는 정보를 접했다. 그게 눈길을 잡아끌었다. 그렇게 시작한 것이 '마음모아가족봉사단' 활동이다.

마음모아가족봉사단은 가족 단위의 구성원들이 함께 봉사하는 모임이다. 최도현 씨는 아내와 중학교 2학년인 딸, 초등학교 6학년인 아들과 함께 봉사라는 걸 시작하게 되었다. 현충원을 찾아가 풀 뽑기를 했고 한강 정화 작업에도 참가했다. 그런 외출은 모든 게 돈과 결부되던 지금까지의 일과는 다른 희열을 안겨 주었다.

▲ 독거노인들에게 음식을 대접하기 위해 요리를 배우는 가족봉사단의 아버지들.

"참가할 때마다 봉사 내용이 달라지는 것도 좋더군요. 달동네 연탄 배달하기, 홀트아동복지회에 아기 옷 만들어 기부하기, 독거노인 집 청소해 주기 등 여러 곳에 닿다 보니 다음에는 뭘까, 기대되는 거죠."

마음모아가족봉사단의 활동은 공식적으론 월 1회 참가이지만 실제로는 그뿐만이 아니다. 봉사에 드는 비용 마련을 위해 가족봉사단원들과 함께 바자회를 열고, 단원 중 아버지들이 요리학원에서 요리를 익혀 독거노인들을 위해 음식을 만들어 대접하기도 한다. 그 과정에 따로 아버지 모임이 만들어져 친목도 도모하게 되었다. 봉사라는 공통 관심이 따뜻한 교유까지 파생시키고 있는 것이다.

"또 하나 좋은 건 아이들이 봉사를 통해 사회를 배울 수 있다는 거죠. 아이들과 함께 독거노인을 방문하면 어르신이 그렇게 좋아하실 수 없어요. 얼마나 외로우면 그러실까. 우리의 작은 관심이 그분들에게 큰 반가움이 될 수 있다는 게 오히려 놀랍죠."

최도현 씨는 봉사단을 통해 얻는 게 단지 보람만은 아니라고 했다. 봉사를 하며 배우는 게 더 많다는 것이다.

일상을 살다 보면 가족 간의 갈등과 스트레스도 쌓이게 마련이다. 최도현 씨 가정도 다르지 않았다. 그런데 봉사단에 참가하면서 이런 갈등과 스트레스도 해소되었다. 설령 꿍한 마음이 있었다 하더라도 함께 땀 흘리며 열심히 봉사하다 보면 어느새 마음이 훌훌 풀리는 것이다.

봉사활동을 하면서 자녀들에게도 변화가 생겼다. 마음모아가족봉사단의 경우 가족이 함께 참가한다는 것이 독특한데 그런 면이 가져온 효과였다.

중학교 3학년인 딸은 처음에 같이 봉사활동에 가자고 했을 때 짜증부터 냈다고 한다. 놀고 싶은 주말 시간을 빼앗기게 된 아이들의 마음을 이해 못할 건 아니었다. 하지만 봉사가 진행되면서 재미있는 일과 보람된 일이 많았다고 한다. 고아원에 보내기 위해 빵을 만들던 일, 독거노인을 찾아갔을 때 고마워하는

나를 나로 리셋하라

표정에서 뿌듯함을 느꼈다고 한다.

"딸이 내가 필요한 데가 있구나, 하는 느낌이 좋았다고 하더군요. 점차 봉사를 즐기게 되었다니 아이들에게 이보다 값진 교육이 또 어디 있겠습니까."

중학교 1학년인 아들은 처음에 그냥 따라갔다가 봉사를 왜 해야 하고 어떻게 해야 하는지 알게 되었다고 한다.

"아이들도 봉사를 하면서 배워 가는 거죠. 세상에 어려운 사람이 많기 때문에 필요한 일이고, 어떻게 해야 하는지는 여러 봉사를 하면서 배울 거라더군요. 성숙한 대답에 제가 오히려 놀랐죠. 마냥 어리게만 생각했는데."

아이들의 생각을 들으면서 요즘 어느 집이든 가정교육에 어려움을 많이 겪고 있다고 하는데 봉사보다 더 좋은 가정교육이 없다는 생각이 스쳤다.

봉사나 기부를 하는 사람들은 하나같이 말한다. 도움을 주러 갔다가 배우는 게 더 많다고. 정말 그런지는 해 본 사람만이 알 것이다. 워라밸에도 올림픽처럼 메달이 있다면 베풂을 통한 행복은 어쩌면 가장 값진 선택일 수도 있다. 만약 워라밸을 꿈꾸는 당신의 마음 한쪽이 허전하다면 최도현 씨처럼 삶의 계획표에 봉사를 넣어 보는 건 어떨까.